취업 99℃

이 책으로
나머지 1℃를 올려라

취업 99℃

이 책으로 나머지 1℃를 올려라

초판 1쇄 발행 2017년 08월 25일

글쓴이 열린진로취업커뮤니티

펴낸이 김왕기
주 간 맹한승
편집부 원선화, 이민형, 김한솔, 조민수
마케팅 임동건
디자인 푸른영토 디자인실

펴낸곳 (주)푸른영토
주소 경기도 고양시 일산동구 장항동 865 코오롱레이크폴리스1차 A동 908호
전화 (대표)031-925-2327, 070-7477-0386~9 팩스 | 031-925-2328
등록번호 제2005-24호(2005년 4월 15일)
홈페이지 www.blueterritory.com
전자우편 designkwk@me.com

ISBN 979-11-88292-28-8 13320

취업 99℃

이 책으로
나머지 1℃를 올려라

열린진로취업커뮤니티 지음

김치성 문창준 이태환 권성일 강경원
강원준 김 창 김택중 박명성 조성욱

푸른영토

취업하고 싶은가?
일단 이 책으로 시작하라

취업이 정말 문제다.

취업 전문가로서 80군데 이상 서류를 내고도 취업에 실패한 취업준비생들에게 해줄 말이 무엇일까를 고민해봤다. 많은 고민의 끝에 우리가 해줄 수 있는 말을 결정할 수 있었다.

우리는 '뭐 이까짓 거 가지고 그러냐? 더 노력해 봐라'라는 괜한 질책을 하지 않기로 했다. 그리고, '이제 곧 좋은 일이 생길 거야. 힘내!'라는 어설픈 희망고문도 하지 않을 것이다. 또한, '다른 애들 좀 봐라, 너는 왜 이거 밖에 안 되냐?'라는 자존심 상하는 비교도 하지 않을 것이며, 그렇다고, '너는 문제없는데 우리나라가 이렇게 불경기라서 그렇다'라는 막연한 세상 한탄도 하지 않을 것이다. 마지막으로, '이건 아무것도 아냐, 우리 때는 어땠는 줄 알아?'와 같은 꼰대 짓도 하지 않기로 했다. 그 대신, 우리는 '방법'을 알려주기로 했다.

취업의 최전선에서 젊은 청춘들과 머리를 맞대고 고민하고 연구했던 우리는 누구보다 이 책을 내면서 할 말이 많다. 그 각고의 노력의 일단을 우리는 이 지면에 모두 애정 어린 격려의 말들로 내놓기로 했다.

취업이 급한 졸업예정자들에게 가장 필요한 것은 당장의 자기소개서와 면접을 해결하기 위해 그동안의 경험과 노력을 최대한 자신에게 유리하도록 끼워 맞추는 스킬이다. 앞으로 무궁무진한 기회를 만들어갈 수 있는 저학년들에게는 목표에 맞도록 해야 할 일과 하지 말아야 할 일을 구분해주는 가이드가 필요하다. 이 둘은 무엇이 '더' 중요한가?로 논의될 수 없다. 둘 다 중요하기 때문이다. 그래서 고학년이건 저학년이건 일단 시작하는 것이 중요하다. 아마도, '시작이 반'이라는 말은 이럴 때 쓰라고 있는 말인 것 같다. 그 시작의 반을 여러분들과 함께하겠다는 각오로 이 책을 썼다. 최근에 한 일 중 가장 잘한 일이라고 생각한다.

— 저자 김치성

7년 동안 전국의 80여 개 대학교에서 취업준비생들을 만나며, 27년여의 직장생활을 통해 얻은 생생한 삶의 현장의 소리는 취업준비생들에게 진정으로 피가 되고 살이 되었다. 인터넷이나 방송·언론을 통해 전해지는 가짜 정보에 많은 학생들이 현혹되고 있음을 너무도 많이 보아 왔다. 그래서 기업현장에서 발생하고 있는 실제 모습들을 진정으로 담아내려고 많은 노력을 하였다. 오로지 진로와 취업을 위해 준비하는 학생들을 위한 상차림이다. 본인이 먹고 싶은 것들을 잘 취사선택해서 저자와 함께한 취업준비생의 '합격의 영광' 소식을 듣고 싶은 마음뿐이다.

— 저자 문창준

'취업 준비가 막연합니다. 무엇부터 준비해야 하나요?' 사회로 나아가는 첫걸음에서 취업이라는 장벽 앞에서 머뭇거리는 청춘들이 가지고 있는 질문이다. 이 질문에 답을 주기 위해서 그동안 현장에서 취업준비생들과 함께 고민하고, 노력했던 취업전문가들과 함께 이 책을 준비했다. 취업 준비는 단순히 모범답안만 존재하는 것이 아니라, '스스로 생각하고, 결정하고, 행동하는 것'이라는 사실이다. 이 점을 생각하면서 이 책을 활용한다면 취업 준비에 많은 도움을 얻을 수 있으리라 확신한다.

— 저자 이태환

"멘토님! 고맙습니다. 정말 멘토님 덕분에 합격했습니다. 어떻게 이 마음을 전해야 할지 잘 모르겠습니다." 인사담당자로서, 또 지금은 학생들의 멘토로서 가장 보람을 느낄 때가 이때인 것 같다. 취업이라는 여정에서 다들 어렵고 힘든 길이지만 분명 끝이 있는 길이라고 생각한다. 취업을 준비하는 멘티들이 힘들 때 이 책을 보면서 '아, 이렇게 해보자! 그럼 될 거야' 하는 도움이 되고 여러분의 바쁜 여정에 하나의 마중물로 '함께'하는 동반자가 되기를 진심으로 기원한다.

— 저자 권성일

이 책을 쓰면서 느꼈던 것은 '함께'라는 단어의 소중함이다. 사회를 살아가면서 혼자 할 수 있는 것은 없다. 누군가에게 도움을 줄 수 있는 책을 만드는 일도 마찬가지다. 취업교육을 하며 학생들에게 늘상 강조했던 것이 일에 대한 의미였다. '우리는 왜 일을 하는 것일까?', '직업을 왜 가져야 할까?'라는 질문은 학생들이 아닌 나한테 하는 질문이었으며, 앞으로도 이 질문에 대한 답을 찾고자 열심히 달려 나갈 것이다.

— 저자 강경원

필자는 매번 특강에서 '성공취업의 함정'이라는 주제로 성공과 합격이 동일한 것이 아니며, 더 나은 기업과 더 즐거울 수 있는 미래를 위해 고민하라고 강조해 왔다. 이 책은 취업을 준비하는 과정에서 전략 뿐 아니라 즐거운 미래를 위한 진심어린 고민에 도움이 될 것이다. 또한 스스로의 미래를 고민하고, 부족함을 돌아보며, 효과적으로 자기를 PR할 수 있는 책이 될 거라 믿는다. 이를 통해 '성공 취업=행복'이라는 공식이 성립되는 완벽한 미래를 만들어 갈 수 있을 것이다. '인생은 속도가 아니라 방향이다'라는 말처럼, 취업 전략에 올바른 방향설정에 도움이 되길 바란다.

— 저자 강원준

진로는 스스로 결정하고 스스로 책임지는 것이다. 취업이나 창업은 자신이 선택한 진로를 만들어가는 수단이다. 따라서 취업이나 창업 이전에 삶에 대한 자신만의 가치관 확립이 절대적으로 필요하며, 일단 자신이 선택한 수단으로 인해 타인에게 손해를 입히는 일은 하지 말아야 한다. 입사에 대한 결정을 하기 전에 신중하게 판단하고, 일단 입사를 했으면 일정 기간동안은 자신의 결정에 책임을 져야 한다.

— 저자 김창

'청년실업 100만 시대', '취업과의 전쟁', '꿈을 포기한 청년들'이란 단어가 매스컴과 인터넷을 연일 장식하며 화두가 되고 있다. 이런 상황에서 동시대를 살고 있는 청년들에게 졸업 후, 마음껏 꿈과 이상을 펼칠 일터를 만들어 주지 못한 데 대하여 인생선배로서 미안함과 무거운 책임감을 느낀다. 이러한 책임감에서 뜻을 같이 하는 멘토들이 모여 취업에 필요한 지침서를 준비했다. 취업준비생 여러분에게 필요한 것은 자신감이다. 이 책이 여러분의 자신감을 회복하고 조기에 취업성공의 기쁨을 얻는데 길잡이가 되기를 간절히 바란다.

— 저자 김택중

취업과 관련된 많은 이야기와 속설들을 접하면서 취업준비생들의 고충을 느낄 수 있었다. 취업에 관한 사실이 아닌 이야기들이 마치 진실이고 정보인 양 여겨지는 경우들을 보며, 애매모호한 이야기가 아닌 취업준비생들에게 꼭 필요한 정보를 전달하고 싶다는 생각을 하게 되었다. 이 책은 인사팀장으로 재직 시 경험을 바탕으로 회사와 면접관의 시각에서 취업준비생들이 어떻게 취업 준비를 해야 하는지, 취업준비생들이 궁금해 하는 점들에 대해 실질적이고 사실적으로 도움을 주기 위해선 어떤 내용을 담아야 하는지에 대해 고민했던 결과물이다. 부디 이 책이 취업준비생들의 취업성공에 일조할 수 있길 바란다.

— 저자 조성욱

취업하고 싶은 사람에게는 취업하는 방법을 알려주는 것이 최고다. 다른 무슨 말이 필요하겠는가?

이 책은 그 방법을 알려주는 책이 될 것이다. 그동안 취업의 최전선에서 다양한 배경을 가진 취업준비생들과 함께 고민하고 함께 웃었던 저자들의 모든 경험이 이 책에 고스란히 녹아 있기 때문이다.

취업하고 싶다면 취업해라.

이 책을 손에 든 순간 10명의 취업전문가가 당신의 든든한 조언자이자 지원군이 될 것이다.

2017년 무덥던 여름
열린진로취업커뮤니티 저자 일동

취업에 필요한 경력 쌓기 :
실제 취업 서류 작성법

자기소개서 작성은
눈길을 끄는 문장으로 시작하라

내가 쓴 자기소개서를 전부 읽을 거라는 생각은 오산

최근 직무역량 중심의 채용이 진행되면서 자기소개서에 대한 관심이 높아지고 있다. 취업준비생들은 자기소개서를 쓰면서 인사담당자가 꼼꼼히 자신의 자기소개서를 읽을 거라는 부담감과 기대감으로 작성을 할 것이다. 하지만 하루에도 수백 명의 지원서를 보는 인사담당자는 꼼꼼하게 읽으려 해도 읽을 수가 없다. 방금 전 읽은 듯한 내용, 'Ctrl + V'가 만연한 글들로 인해 집중력이 떨어진다. 인사담당자가 자기소개서 하나를 검토하는 시간은 평균적으로 30초. 이 시간에 인사담당자의 눈길을 잡으려면, 첫 문장에서 자신을 확실히 드러내야 한다.

첫 문장에서 확실히 시선을 끌어야 성공한 자기소개서

'소제목'의 중요성은 강조되고 있는 반면 '첫 문장'의 중요성에 대해서는 강조가 덜하다. 그래서인지 취업준비생들의 자기소개서를 보면 첫 문장에 그다지 신경을 쓰지 않고 작성하는 느낌을 자주 받는다. 소제목은 인사담당자의 눈길을 끌기에 좋은 수단임은 분명하다. 하지만 소제목은 필수가 아닌 선택, 문장을 시작하는 문장은 선택이 아닌 필수이다. 첫 문장에서 눈길을 끌지 못한다면 뒤에 아무리 잘 써도 읽히지 않을 수도 있기 때문에 더욱 강조되어야 할 것이다.

'1990년 10월 산 좋고 물 좋은 ○○에서 엄격하신 아버지와 자상하신 어머니 사이에서 1남 1녀 중 막내로 태어났습니다'로 시작하는 자기소개서와 '창의력으로 ○○한 결과를 만들어낸 경험이 있습니다'의 차이를 보면 쉽게 이해할 수 있을 것이다.

먼저 제시된 첫 문장은 구태의연하여 인사담당자의 눈길을 끌지 못한다. 생년월일은 이미 이력서에 적혀 있고, 아버지와 어머니에 대한 내용은 자신의 모습이 아닌 이상 불필요한 내용이다. 아버지와 어머니를 취업시키는 게 아니라면……. 두 번째 문장에서는 어떠한 창의력을 발휘해서 결과를 만들어냈는지에 대한 궁금증이 생길 수 있고, 이후 전개되는 내용을 읽어보고 싶은 마음을 불러일으킬 수 있다. 이처럼 인사담당자, 면접관이 지원자 모두의 자기소개서를 꼼꼼히 읽어 보는 게 아니기 때문에 주제가 명확하고 간결한 글이 시선을 끌 수 있다.

첫 문장은 두괄식으로

자기소개서 작성을 할 때는 두괄식으로 작성해야 한다는 것은 이미 알고 있을 것이다. 하지만 알고 있음에도 두괄식으로 작성하는 데 내용이 불충분하거나, 매력적이지 못한 경우가 수두룩하다. 많은 지원자들이 마지막에 결론을 내리고 첫 문장은 '상황설명'을 하려고 한다. 첫 문장은 '상황이 이렇습니다'가 아니라 '이러한 경험을 했습니다', '해냈습니다', '역량을 인정받았습니다'가 나올 수 있게 작성되어야 한다.

자기소개서 단락의 첫 문장은 그 단락의 핵심적인 내용이나 주제를 담는 것이 좋다. 두괄식은 주요내용을 돋보이게 해주기 때문에 평가자를 편하게 한다. 하루에 수백 개의 자기소개서를 읽어야 하는 평가자의 입장에서 평가의 편이성을 제공하는 자기소개서는 반갑고 고마울 것이며, 따라서 좋은 인상과 선의를 가지고 다음 내용을 읽어 가게 될 것이다.

특별히 내세울 만한 스펙도 없고 자기소개서마저 인사담당자의 눈길을 끌어들이지 못하는 글로 시작된다면 휴지통으로 직행할 가능성이 높다. 그렇다면 어떻게 써야 매력적인 자기소개서가 되느냐 궁금할 것이다. 여기에는 몇 가지 유의할 점이 있다. 문장은 가능한 한 짧게 작성하고, 단어는 보통명사나 추상명사보다는 고유명사나 이미지 단어를 적절히 섞어 써야 한다. 영어나 한자, 숫자, 기호 등도 가독성을 높이니 적절하게 사용하도록 하자. 첫 문장은 무엇보다 읽는 사람, 그것도 하루에 수백 장씩 원서를 검토하는 인사담당자 입장에서 작성해야 한다.

두괄식으로 작성하지 않는다면 어떻게 될까?

자기소개서를 작성하면서 처음 말하려던 결론에 이르지 못하고 잘못된 방향으로 글의 방향을 잡게 될 것이다. 그러니 처음부터 글의 목적지인 결론을 앞에 제시하고 그 이유를 작성한다면 잘못된 결론으로 갈 일은 없다. 또한 두괄식 자기소개서로 결론을 먼저 내세우면 그에 맞는 타당한 근거를 제시하게 되므로 자연스럽고 논리 정연한 글이 될 수 있다. 깔끔한 자기소개서는 당연히 좋은 평가를 받게 될 것이다.

또, "~~라고 생각합니다. 왜냐하면 ~~~때문입니다"의 구조를 가지게 될 것이기 때문이다. 자기소개서는 연애편지도, 일기도 아니다. 비즈니스 문서일 뿐이다. 그러므로 자기소개서의 질문이 원하는 답을 써야 한다. 그리고 부연설명이 붙어야 한다. 답이 틀린데 부연설명을 하는 것 역시 모순이다. 질문이 원하는 답이 무엇인지 정확히 파악하고, 그것에 맞는 키워드를 선정하여야 한다.

첫 문장에 핵심키워드가 전달이 안 되면 글을 읽는 사람의 입장에서는 굉장히 모호해지고 답답함을 느낄 수 있다. 반드시 키워드 중심으로 쓰려고 노력해야 한다. 혹은 질문의 답이 보이도록 써야 한다는 것을 잊지 말라.

는 굉장히 모호해지고 답답함을 느낄 수 있다. 반드시 키워드 중심으로 쓰려고 노력해야 한다. 혹은 질문의 답이 보이도록 써야 한다는 것을 잊지 말라.

성격보다는 직무적 지식과 기술로!

자기소개서를 지도하다 보면 특이한 공통점들을 발견하게 된다. 꼼꼼함, 적극적인 성격, 사교적인 성격 등으로 자기소개서를 가득 메우고 이러한 성격이 직무 수행에 도움이 된다고 우기는(?) 취업지원자들이 많다는 것이다. 그리고 이러한 성격으로 포장된 자기소개서를 쓰는 부류가 인문계열 또는 상경계열 출신에 집중되어 있다는 특징 또한 발견하게 된다. 이공/공학계열 전공자에 비해 더욱 두드러진 특징이기도 하다. 상대적으로 이공/공학계열 전공자는 전공 자체가 직무와 연관성이 높고, 다양한 경험들이 연결되는데 반해 인문/상경계열 전공자는 그렇지 못한 경우가 많아서 더욱 그럴 것이다.

물론, 기업에서 사람을 뽑을 때 지원자의 성격적인 측면을 보기도 한다. 하지만 성격보다 중요하게 보는 것은 직무내용을 이해하고, 직무에서 요구하는 지식과 기술적인 부분을 갖추고 있는가이다. 이 부분을 지원자들은 간과하고 있는 듯하다. 정리하면 직무 수행능력을 갖춘 인재

중 직무와 조직에 맞는 성격을 보유하고 있는가를 고려한다고 이해하면 될 것이다.

인문/상경계열 전공자의 지원자들이 이러한 실수를 반복하게 되는 원인에 대해 분석해봤더니, 직무에 대한 전반적 이해부족이 큰 원인으로 뽑혔다. 최근 채용이 직무 수행능력평가 중심으로 진행됨에도 불구하고 인문/상경계열 전공자의 일부는 아직도 직무 수행 업무에 대한 파악이 부족한 것으로 나타났다. 직무를 개념적으로만 이해하고 있어서 실제 업무에서 요구되는 지식이나 기술적인 능력보다 성격적인 측면을 강조하고 있다는 것이다. 예를 들면, '저는 사교성이 뛰어나므로 인사 업무를 잘 수행할 수 있습니다', '저는 꼼꼼한 성격을 가지고 있으므로 회계 업무를 잘할 수 있습니다'라는 논리로만 작성하려 한다는 것이다. 그러다 보니 다른 지원자들과 차별성이 만들어지지 않고, '성격만으로 직무를 수행할 수 있을까?' 하는 의문이 들기도 한다.

성격보다 직무적 지식이나 기술을 어떻게 강조할 수 있을까?

우선 직무에서 주요 업무 수행내용을 뽑아보자. 예를 들어 영업 직무의 경우 주요 업무는 신규 거래처 발굴, 제안서 작성 및 입찰 프레젠테이션, 거래처관리 등을 뽑을 수 있다. 그중 제안서 작성과 입찰 프레젠테이션을 하는데 있어 필요한 지식과 기술은 대략 뽑아도 산업(업계)에 대한 지식과 희망거래 회사에서 수요가 있을지에 대한 분석능력, 데이터관리능력 그리고 입찰 프레젠테이션을 할 수 있는 서류작성과 발표능력 등이 요구된다. 단순히 영업 직무에 사교적인 능력만을 강조하기보다는 위에서 제시된 업무에서 요구되는 지식과 기술적인 부분을 경험에 녹여 나타낸다면 직무적 차별성을 더 갖춘 인재로 인정받을 수 있을 것이다.

다음 A와 B 예시를 보면 좀 더 이해가 빠를 것이다.

● A 예시

○○과목에서 '소비자인식개선'이라는 팀 프로젝트를 수행하였습니다. 당시 저는 발표를 담당하였는데 ~(중략)~ 꼼꼼한 성격으로 실수를 하지 않고 발표를 잘 마칠 수 있었습니다. ~(이하 생략)~

● B 예시

○○프로젝트 진행 시 자료 수집을 담당했습니다. 자료는 출처별, 생성일별, 견해별로 구분하여 분류했으며, 분류된 자료에 대해서는 쉽게 찾을 수 있도록 폴더별로 구분하고 파일명을 쉽게 찾을 수 있도록 이름을 기록하였습니다. 그 결과 자료 분류가 체계적이어서 프로젝트 진행 속도를 높을 수 있었습니다. ~(이하 생략)~

A와 B 중 누가 더 영업 직무에 적임자로 보이는가?

A는 꼼꼼한 성격을 통해서 실수 없는 발표를 할 수 있었다는 내용이고, B는 수집된 자료의 체계적인 정리를 통해 활용성을 높일 수 있었다는 내용이다. 두 예시 모두 꼼꼼한 성격이 강조된 것처럼 보일 수도 있겠으나, 자세히 보면, B는 '정보관리능력'이 강조된 것을 알 수 있다. 다시 말해 영업 직무에서 필요한 능력이라는 것이 돋보이게 된다는 것이다.

인문/상경계열 전공지원자는 이공계열 전공자에 비하여 전공이나 직무에 관련된 과제 수행이나 경험이 적을 수밖에 없다. 그렇다고 무턱대고 성격만으로 들이댄다고 합격을 보장받을 수도 없는 일이다. 자기소개서는 직무와 관련된 지식, 기술, 태도(성격)적인 부분을 종합적으로 검토/평가한다. 따라서 성격 하나에 치우치기보다는 지식과 기술의 활용성이 좀 더 강조가 되어야 한다. 지식과 기술의 활용성을 높이기 위해 직무에서 수행되는 일을 세심히 살펴보고 단위별로 쪼개어 필요능력을 정리한다면, 직무에서 요구되는 지식과 기술을 다양한 경험에서 추출해낼 수 있고 본인이 직무적 준비가 되어 있음을 보여줄 수도 있을 것이다.

자기소개서 작성 Tip : 이공/자연계열

팀보다는 개인의 역량으로

○○팀 프로젝트 수행 시 발생된 문제를 해결하기 위해서, 우리 팀은 △△적 이론이 적용된 실험결과와 참고문헌을 참고하여 오류를 최소화 하였습니다. 또한 실험값의 오차를 최소화 하기 위해 △△검증장비를 만들었습니다. ~(중략)~ 팀 프로젝트 완수라는 결과를 만들 수 있었습니다.

전공과 관련된 팀 프로젝트의 내용을 기술하는 이공/자연계열 취업준비생의 대표적 자기소개서 경험 내용이다. 팀 프로젝트 중심의 경험은 직무와의 연관성이 높기 때문에 많이 애용(?)되고 있는 것이 사실이다.

하지만 문제점이 내포되어 있다. 기업에서 지원자에게 작성하라고 하는 '자기소개서'라는 이름에서 답을 찾을 수 있다. 그것은 팀이 아닌 지원자 자신의 이야기를 기술하라는 것이다. 위의 예시 글에 지원자 개인의 지식이나 기술, 태도적인 부분이 드러난 곳이 어디 있는가?

최근의 자기소개서의 질문을 보면, 구체적인 지원자의 역할을 묻는 질문이 강조되고 있다.

> 공동의 목표를 달성하기 위해 타인과 협업했던 경험과 그 과정에서 본인이 수행한 역할, 그리고 해당 경험을 통해 얻은 것은 무엇인지 구체적으로 기술해 주십시오.

질문에서 볼 수 있듯이 '본인이 수행한 역할'이 이 질문의 핵심키워드이다. 다시 말해서 팀의 전반적 내용이 아니라 자신이 담당했던 역할을 중심으로 작성하라는 것이다. 그리고 자신의 역할에서 팀의 공동목표를 달성하기 위해 노력한 것 중 자신의 전문적 지식과 직무적 기술이 활용된 경험을 중심으로 작성해달라는 요구이기도 하다. 그럼에도 불구하고 지원자들이 자신을 팀에 녹여 작성하고, 자신의 역량을 감추는 이유가 무엇일까?

아마 그 이유는 혼자서 한 것이 아닌 자신의 역할이 팀 내에서 그리 크지 않았다고 생각하는 데서 시작되지 않았을까 한다. 기계식 시계의 작은 톱니의 역할을 생각해보자. 작고 보잘 것 없는 것처럼 보이지만 그 톱니가 없으면 시계가 정상적으로 작동하지 않는 것과 같은 이치다. 어떤 역할이든 사소하거나 작은 일은 없다. 조직이 바로 그러한 존재다. 그러므로 자신을 드러내는 연습부터 해야 할 것이다.

팀보다 자신을 드러내는 방법은? 역할 중심으로 설명하는 것

일반적으로 팀 프로젝트의 팀이나 조직은 개개인의 역할로 구성되어 있다. 그 역할들은 공동의 목표를 달성하기 위해 나눠 놓은 역할이다. 따라서 개개인들이 각자의 역할을 충실히만 수행한다면 공동의 목표를 달성할 수 있다는 논리가 생긴다는 것이다.

자기소개서 작성 시 지원자 자신이 담당하게 된 역할 수행에서 마주하게 된 어려움을 극복하기 위해 활용한 지식과 기술을 사용했는가를 강조하는 내용으로 작성해야 한다. 그러면 팀보다 자신의 역량이 부각되게 될 것이다. 자신의 역할을 제대로 수행한다면 앞서 말한 논리대로 공동의 목표 달성에 기여한 것이 된다는 것이기 때문이다.

○○교량개선프로젝트를 성공적으로 마무리한 경험이 있었습니다. 당시 저는 '콘크리트 구조물의 노후화에 따른 사고사례'를 수집하고, 수집된 사례를 데이터화하고, 사고원인에 따른 분류를 해야 하는 작업이었습니다. 하지만 자료수집 기한이 부족할 뿐만 아니라 자료정리 시간이 촉박하여 이후 작업에도 영향을 줄 수 있는 상황이었습니다. 그래서 저는 자료수집의 시간적 효율성을 높이기 위해 신문기사에서 교량사고에 대한 기사를 먼저 DB화 하고, 수집된 기사를 토대로 전문가의 원인분석 자료를 찾는 방법으로 역할을 수행하였습니다. ~(중략) ~ 그 결과 제가 맡은 역할을 시간 내에 마침으로써 성공적인 프로젝트 진행이 될 수 있었습니다. ~(이하 생략)~

이번 사례는 자신의 역할 중심으로 작성되었다. 서두에 제시된 사례와 비교해 보았을 때 다른 점이 눈에 들어올 것이다. '팀 중심'과 '개인의 역할 중심'의 차이이다. 이것이 곧 자신을 경쟁력 있는 인재로 보이게 만드는 차별화의 방법이다.

다양한 팀 프로젝트 경험은 직무와 관련되어 높은 점수를 받을 수 있는 소재임에는 분명하다. '다양한 경험 속에서 자신은 어떤 역할과 어떤 역량을 활용하였다'가 강조된다면 더욱 완성도 높은 자기소개서가 될 것이다. 더불어 직무에서 요구하는 지식과 기술 등 전공으로 준비되어 있는 모습을 강조한다면 이공/자연계열 전공자로서 더할 나위 없이 좋은 인재로 인정받게 될 것이다. 때문에 직무분석과 함께 자신의 역할을 부각시킴에 한 치의 소홀함이 없도록 해야 할 것이다.

자신을 팀 속에 숨기지 말고, 역량을 중심으로 드러내야 한다는 것을
다시 한 번 기억하길 바란다. 기업이 팀이 아닌 개인, 바로 당신을 뽑고 싶
게 만들어야 한다.

자기소개서의 기본 구조와 의도

자신의 역량 발휘 경험을 구체적으로 이야기하라

최근 기업들에서 제시하는 자기소개서의 질문유형을 살펴보면, 기존 성장과정, 성격의 장단점, 학교생활, 입사 지원동기와 포부로 나뉘던 기본 포맷에서 벗어나 보다 구체적인 경험을 물어보고 경험과 역량 발휘 사례를 확인하려는 질문으로 변화되고 있다는 것을 알 수 있다. 그래서인지 취업준비생들이 어떤 경험을, 어떤 항목에, 어떻게 써야 할지 몰라 고민하고 있다. 질문의 의도보다도 자신의 경험을 버리기 아까워서 어떻게든 끼워 넣다 보면 질문에서 물어보는 내용의 답변에서 벗어나 더욱 혼란을 겪게 되기도 한다고 하소연한다.

취업준비생의 현실은 가고 싶은 한 기업만 지원할 수 없다. 그러다 보면 쏟아져 나오는 채용공고에 빠르게 대응하기 위해 많은 자기소개서를 써야 하는 실정이다. 때문에 자주 나오는 질문의 유형들을 리스트화 하고 접근방법을 체계화 한다면, 채용시즌에 타 경쟁자보다 안정적인 자기소개서 작성이 이루어질 것으로 생각된다.

최근의 자기소개서에 등장하는 질문들을 분류하면 크게 5가지로 나눠진다. 항목별로 보면 '직무역량', '지원동기 및 포부', '도전(성공/실패)', '창의(문제해결)', '팀워크/팀협조성'이다.

① 귀하가 지원한 직무는 무엇이며, 해당 직무에 관심을 갖게 된 계기와 이를 잘 수행할 수 있다고 생각하는 이유를 본인의 역량, 준비과정, 관련 경험을 근거로 서술해 주십시오.

최근 들어 많은 기업에서 빈번하게 출제하는 대표적 직무역량 관련 질문이다. 이 질문에 대응하기 위해서는 질문을 정확하게 읽어보는 것이 무엇보다 중요하다. 해당 직무에 관심을 가지게 된 계기와 본인의 직무적합성이 핵심적 질문이다. 그러나 대부분의 지원자들이 실수하는 부분은 직무적합성에만 집중한다는 것이다. 직무를 왜 선택하게 되었는지에 대한 답변 없이 역량적 준비경험에만 치우치기 때문이다. 지원하는 직무에 관심을 가지게 된 계기를 쓰더라도 단순한 호기심이나 전공에 국한되는 경우가 많다. 그것만으로 직무에 대한 의지와 열정을 설명했다고 착각하지 말기를 바란다.

이제부터는 '하고 싶은 일', '해보고 싶은 일'이라는 기준으로 직무에 관심을 가지게 된 이유, 직무 선택 이유를 만들어보기를 바란다. 얼마나 직무를 하고 싶은지에 대한 의지를 보여주지 못한다면, 아무리 많은 준비를 했다고 하더라고, 무엇을 위해 준비했는지를 보여줄 수 없기 때문이다.

② 우리 회사에 지원하게 된 동기는 무엇이며, 입사 후 어떻게 성장해 나갈 것인지 기술하십시오.

지원동기와 포부는 안 물어보는 회사가 없을 정도로 필수항목이다. 최근에는 회사 선택 이유와 입사 후 계획을 구체적으로 작성하라는 회사가 늘고 있다. '많은 회사 중에 우리 회사를 지원한 진짜 이유', '진짜 원하는 회사'인지를 회사는 듣고 싶어 한다. 단순히 취업을 하기 위해 지원하는 사람이 아닌 '진정으로 함께하고 싶은가'를 보여줘야 하는 항목이다. 회사를 선택한 이유는 단순히 '그 회사의 성장성, 복지 등이 좋아서'라는 논리보다는 '내가 회사를 선택하는 기준에 그 회사가 맞기 때문이다'라는 논리로 접근해야 한다. 따라서 지원자 본인의 기업 선택 기준이 부각되어야 한다. 선택 기준은 '하고 싶은 일'과 '일하고 싶은 회사의 모습' 중에서 기준을 잡으면 자신의 논리를 쉽게 전개해 나갈 수 있을 것이다.

예를 들면, '회사를 선택할 때 가장 중요하게 보는 것은 '경영자의 올바른 윤리관'이다. 그 이유는 무엇 때문이다'라는 유형과 '나는 ○○분야의 전문가로 성장하고 싶다. ○○분야의 우수한 기술력은 A기업이 가지고 있다. 이곳에서 ○○분야의 우수한 기술력을 바탕으로 ○○전문가로 성장하고 싶다'라는 유형을 기반으로 기준을 제시한다. 뉴스 등에 보도된 사실적 사례 등을 토대로 내가 원하는 회사임을 증명하면 목표의식과 선택기준이 분명한 지원자임을 인정받을 수 있을 것이다.

입사 후 포부의 핵심은 '직무적 목표'이다. '자신이 이루고 싶은 목표를 세운 이유와 실천계획, 더불어 목표달성이 회사와 지원자의 발전에 직/간접적으로 어떤 발전을 줄 수 있는지'를 제시한다면 '목표지향적'인 인재로 인정받을 수 있을 것이다.

작성방법으로는 크게 3가지 패턴이 있다.

첫 번째, 지원하는 ○○분야의 전문가로 성장하고 싶다고 밝히고, 전문가가 되기 위한 본인만의 계획과 실행방법을 제시하고, 전문가가 되어 회사에 기여하겠다는 기본적 구조이다.

두 번째, 기업이 가진 강/약점, 기회와 위협을 분석하여 전략을 제시하고, 자신의 역할에서 갖추어야 할 역량과 준비계획을 작성하는 방법이다.

세 번째, 직무에서의 주요과업에 대한 개선사항을 제시하고, 문제점 등을 개선하기 위해 본인이 갖춰야 할 역량이 무엇인지, 그리고 어떻게 갖추어 나갈 것인지 계획을 제시하는 방법이다.

본인이 어떤 패턴이 더 유리할지 고민하여 자신의 미래의지를 돋보이게 작성할 수 있는 패턴을 적용해보기를 바란다.

무엇보다 중요한 것은 지원동기와 포부는 지원하는 회사별로 새롭게 작성해야 한다는 것이다. 다른 회사의 이름이 적힌 자기소개서는 사랑하는 연인에게 다른 여자(남자)의 이름이 적힌 연애편지를 보내는 것과 같다. Ctrl + C, Ctrl + V로 만들어지는 지원동기와 포부가 아닌, 그 회사만을 위한 내용을 만들어야 한다는 것만은 기억하기를 바란다.

❸ 학업 외 가장 열정적이고 도전적으로 몰입하여 성과를 창출했거나 목표를 달성한 경험을 기술하시오.

도전이란 의미를 너무나도 거창하게 생각하는 경향이 있다. '남들이 해보지 않은 일을 해보는 것', '내 능력을 벗어난 일을 해보는 것' 등 다양한 것들을 큰 의미로 받아들이려 하기 때문에 이 항목의 작성을 어려워한다. 도전이란 '목표를 가진 시작'이다. 목표를 가지고 시작한다면 모두가 도전이 되는 것이다. 그렇기 때문에 거창한 경험을 나열하기보다는 일상적 생활에서 목표를 달성하는 습관을 가진 모습을 강조하는 것이 중요하다. 기왕이면 직무와 관련된 활동, 전공공부 등에 관련된 사례를 통해 문제해결이나 목표달성을 한 내용을 작성하면 될 것이다.

히말라야에 오르고, 국토대장정을 해야지만 도전정신이 인정받는다는 고정관념부터 버리길 바란다.

❹ 자신에게 주어진 일이나 과제를 수행하는데 있어 고정관념을 깨고 창의적으로 문제를 해결했던 사례에 대해 구체적으로 기술하시오.

창의 또는 문제해결, 개선의식을 물어보는 항목이 최근 들어 증가하고 있다. 이는 업무 수행과정에서 발생하는 문제들을 효율적으로 해결해 나갈 수 있는 역량을 가지고 있느냐를 검증하기 위한 질문일 것이다. 그러나 취업준비생들은 '창의'라는 단어를 지나치게 확대 해석하여 거창한 사례만 작성해야 한다고 생각한다. 하지만 기업이 원하는 창의는 거창한 것이라기보다는 고정관념의 탈피, 문제의 인식 및 개선이라는 것에 초점이 맞춰져 있다. 다시 말해 기업의 관점과 취업준비생의 관점이 다르다는 것이다. 창의는 목표달성 또는 문제해결을 하는데 있어 기존의 방법(사고)보다 효율적인 방법(사고)으로 인식하면 조금이라도 쉽게 접근하여 사례를 제시할 수 있을 것이다.

예를 들면, '○○과제를 수행하는데 기존에는 A방법을 사용해 왔다. 그래서 우리 팀도 관행적으로 A방법을 사용하려 했지만, 환경의 변화와 기술의 발전으로 B방법이 더 유용할 것이라 판단되었다. 그래서 B방법이 A방법보다 우수한 점을 팀원들에게 설득한 후, 실제 적용에서도 더 우수한 결과를 만들어낼 수 있었다'라는 구조로 만든다면 개선과 문제해결능력 뿐만 아니라 창의적 사고능력도 인정받을 수 있을 것이다.

⑤ 공동의 목표를 달성하기 위해 타인과 협업했던 경험과 그 과정에서 본인이 수행한 역할, 그리고 해당 경험을 통해 얻은 것은 무엇인지 구체적으로 기술해 주십시오.

조직적응력, 팀 협조성을 확인하기 위한 대표적인 질문이다. 많은 취업준비생들이 팀워크 발휘 사례를 작성하는 패턴이 있다. 그것은 '구성원 간의 의견 충돌이 있을 때 자신이 중간에서 조율해 줬다'라는 내용이다. 물론 팀워크를 발휘한 사례일 수는 있으나 본질적인 팀워크에 대한 이해가 부족한 내용으로 보인다.

팀워크 능력 발휘의 전제조건은 공동의 목표이다. 그리고 팀은 각자 역할을 담당한 구성원으로 나뉜다. 따라서 자신에게 주어진 역할 과제를 잘 수행한 것부터 작성해야 한다. '역할 수행에서의 어려움이나 문제점 해결을 자신의 역할 완수, 그로 인해 공동의 목표달성에 기여할 수 있었다'라는 논리가 기본이다. 더 나아가서 자신의 역할 수행에 부족함이 있는 팀원을 도와준 것을 강조할 수도 있다. 여기서 중요한 것은 내가 대신 다 해준 것이 아닌, 그 팀원이 제대로 역할을 수행할 수 있도록 보조적인 도움을 줬다는 것에서 멈춰야 한다. '대신 다했다', '혼자서 다했다'는 논리로 작성을 한다면 이미 팀워크, 팀 협조성은 깨졌다는 것을 의미하기 때문이다.

자기소개서는 취업시즌에 취업준비생 1인당 평균 30개 정도 쓴다고 한다. 기업마다 질문도 조금씩 다르고, 제출기한도 상이하다. 그런 상황에서 빈번하게 출제되는 최신의 유형을 파악하여 리스트화 하고 경험들을 정리해 놓는다면 타 지원자에 비해 시간과 노력을 효율적으로 활용할 수 있을 것이다.

자주 등장하는 질문부터 답변을 구성할 것을 다시 한 번 강조한다.

많이 써보고 많이 수정해보고 많이 지원하다 보면 본인만의 경험을 부각하는 방법을 스스로 찾을 수 있을 것이다.

자기소개서 이색질문에
바른 정답을 내는 방법

"왜 이런 질문을 하나요?", "의도가 뭐예요?", "어떻게 작성해야 하나요?"

최근 취업준비생들이 자기소개서를 작성하다가 황당한 질문을 보고 말 그대로 '황당해진다'는 말을 자주 듣게 된다. 이른바 '이색질문'을 보고 궁금증을 품게 되는 것이다. 기업들은 정형화 된 틀의 질문형식에서 벗어나 '사고'할 수 있는 사람인가 확인하기 위해서 이색질문을 활용하기도 한다. 취업준비생들은 이색질문을 보고 당황해할 수 있으나 조금만 더 집중해서 질문을 읽고 생각해보면 오히려 쉽게 답을 작성할 수 있다. 한 가지 생각해야 하는 것은 답이 정해져 있지 않고, 오로지 본인의 생각을 설득력 있게 전달해야 한다는 것이다.

질문들을 살펴보고 의도를 같이 파악해보자.

다양하고 황당한 이색질문의 의도와 대응방법

아모레퍼시픽 그룹은 아름다움으로 세상을 변화시키겠다는 특별한 소명을 가지고 있습니다. 세상을 변화시키는 아름다움이 왜 필요한지 정의하고, 입사한다면 이

러한 소명을 어떻게 실현할 수 있을지 기술하시오.(아모레퍼시픽)

질문의 의도를 살펴보면, 아모레퍼시픽에서 추구하는 본질에 지원자가 함께할 수 있는지를 파악하기 위함이 숨어 있다. 단지 아름다움의 필요성과 소명의 실천이라는 부분으로만 접근하면 방향성을 잃게 될 수 있다. 아모레퍼시픽이라는 회사가 왜 아름다움으로 세상을 변화시키려 하는지에 대한 분석이 먼저 필요하다. 그리고 지원자 본인이 생각하는 아름다움의 정의와 필요성을 연결시키는 노력이 필요하다. 기업의 소명과 개인의 생각의 일치가 먼저라는 것이다. 그리고 그것, 아름다움으로 세상을 변화시키는 소명을 함께할 수 있는 실천 전략을 세워보길 바란다. 가능한 실현가능 하도록.

본인의 단점 중 현재까지 극복하지 못한 단점 2가지를 말하고, 극복하지 못한 이유를 기술하시오.(한화S&C)

통상 자기소개서에서는 단점에 대한 극복방안을 물어본다. 하지만 이 질문은 지원자가 간과할 수 있는 본질적 단점을 드러내라는 의미를 담고 있다. 이 질문에 대한 접근 방법은 극복하지 못한 단점을 제시하는 것부터 작성이 되어야 한다. 그렇다면 어느 정도로 제시해야 하는가가 문제일 것이다. '직무적으로 문제가 되지 않을 만한 것', '대인 관계적으로 문제가 되지 않을 만한 것'이면 될 것이다. 고치지 못한 이유로는 '시급성'과 '필요성'을 들 수 있어야 한다. 하지만 단점이다 보니 언젠가는 보완해야 한다. 그렇기 때문에 지속적인 노력방법을 제시해야 한다.

성격은 하루아침에 변화되지 않는다. 단점의 인식으로로부터, 보완 시 문제점을 예상하고, 구체적인 방법으로 보완 가능하도록 작성해보기를 권한다.

본인이 생각하는 행복은 무엇입니까? 가족이 아닌 누군가를 행복하게 하기 위해

노력했던 경험에 대해 설명해 주십시오.(IBK기업은행)

이 질문은 정답이 없다. 본인이 느끼는 행복감을 통해 고객을 행복하게 만들 수 있는지에 대한 평가를 하기 위한 질문이다. 따라서 본인이 생각하는 행복의 정의가 간결하면서도 분명하게 제시되어야 한다. 자신이 느낀 행복감을 다른 사람에게도 느끼게 만들었던 경험을 구체적으로 제시해야 한다.

은행권에서 이 질문을 했다는 것은 고객지향적인 사고를 할 수 있느냐에 의도가 숨겨져 있다. 고객지향적, 서비스지향적이라는 키워드를 중심으로 경험을 제시해보기를 권한다.

"나는 (   )이다." - 10자로 표현하기(MG새마을금고)

상대적으로 쉬워 보이는 질문이기는 하지만 자신을 10자로 표현하기는 그리 만만하지 않다. 자신의 강점 또는 역량을 어떻게 표현해야 할까에 대해 고민해보아야 한다. 또한 직설적으로 표현해야 할지, 은유적으로 표현해야 할지도 고민해야 한다. 한 가지 Tip을 주자면 은행권에서 일할 수 있는 사람의 모습을 연상시켜 본인의 경험과 연결시켜야 한다.

이 질문은 자기소개서 용도라기보다는 면접용이다. 그러므로 말로써 증명할 수 있는 경험을 같이 준비해야 한다. 좋게 보이려 꾸미지 말고 은행원으로서 갖춰진 본인의 인생관, 가치관, 역량 등을 활용하여 자신을 정의하는 연습이 필요하다.

이 외에도 이색질문들은 다양하다.

"자신이 가장 소중하게 생각하는 사진을 첨부하고 그 이유를 설명하시오."

"네이버서비스 총괄 이사님과 네이버 서비스에 대해 토론해보고 싶은 것은 무엇이며 그 이유는 무엇인가?"

"즐겨 찾는 인터넷 사이트와 그 이유를 설명하라."

"본인을 표현할 수 있는 단어 5개를 해시태그 형태로 나열한 후 자신의 성격, 가치관, 성장과정 등 진솔하게 기술하시오."

"100초 이내 자기소개 영상 만들기"

"지원자가 속한 조직에서 잘못된 관행에 대해 문제를 적극 제기한 경험을 기술하라."

이색질문 대응 원칙

이색질문에 대응하기 위해서는 다음과 같은 원칙이 존재한다.

첫째, 질문의 의도를 파악하라. 이 질문의 숨은 의도는 무엇인지에 대한 정확한 분석이 요구된다.

둘째, 지원하는 직무와 연관시켜서 답하라. 지원하고자 하는 직무에 대한 이해도를 높여야 한다. 다양한 경로를 이용하여 직무를 이해하고, 직무에서 요구하는 역량을 반영한 답변을 만들어야 한다.

셋째, 차별화시켜라. 회사와 산업의 이슈에 대한 분석을 통해 기업 및 산업이 나아가야 할 방향성에 대해 생각해보고, 자신의 경험을 통해 이슈에 대응할 수 있는 인재임을 증명해야 한다. 이것이 차별화다.

이색질문은 정답을 적고 싶은 취업준비생에게는 어렵게 느껴질 수밖에 없는 질문이다. 하지만 정답보다는 본인의 생각을 정리한다면 보다 쉽게 다가설 수 있을 것이다. 가장 중요한 것은 사고력을 높이는 것이다. 단순히 생각한다에 멈추지 말고 분석적 사고라는 역량을 키워야 한다. 앞으로 다가올 시대는 지식과 경험을 넘어선 '사고할 수 있는 인재'가 요구되는 시대라는 것을 잊지 말라.

우리 회사에 지원한 이유는 무엇입니까? : 지원동기

회사의 인재상에 나오는 단어로 접근하는 방식은 초짜다

'인생은 정답이 없다', '리더십은 정답이 없다'처럼 살아가는 과정에서 정답이 없는 것이 몇 가지 있다. 그중 취업도 정답이 없다. 정답을 찾으려고 하면 여러 전문가의 훈수가 오히려 더 혼란스럽게 만드는 경우가 있는데 이 점을 취업전문강사들이 우려하는 것도 사실이다. 하지만 아래 내용을 읽어 보고 혼란스러운 생각이 조금은 정리되기를 바란다. 회사에 지원한 이유에 대해 어떻게 대응해야 하는지는 크게 두 가지의 관점이 있다.

첫째, 한 회사의 인재상에 초점을 맞춰서 자기소개서를 작성하는 경우로서, 충분히 설득력이 있는 관점이다. 그러나 내용에 따라서는 지극히 의도적으로 맞춘 느낌이 나는 경우가 대부분이기 때문에 오히려 자신을 어필하기에는 부족한 케이스가 많다. 예를 들어, 어떤 회사의 인재상이 도전, 창의, 열정이라고 할 때 이 중에서 특정 인재상이 지원자의 역량, 성격 등에 부합하여 지원을 했다고 한다면 이를 곧이곧대로 믿는 회사 담당자가 있을까?

둘째, 한 회사의 인재상을 무시하고 내가 보유하고 있는 역량만을 어 필한다면 이 또한 동떨어진 얘기가 될 확률이 높다. 예를 들어, 어떤 회사의 인재상이 도전, 창의, 열정, 이 세 가지인데 본인은 생뚱맞게 협력을 내세운다면 회사 담당자는 어떻게 판단할까? 아마도 지원하는 회사의 인재상을 모르거나 관심이 부족하다고 판단할 확률이 높다.

회사는 나름의 존재의 이유가 있다

중요한 것은 인재상에 초점을 맞추느냐, 그렇지 않느냐가 아니라 하나의 회사가 어떤 목표를 달성하는데 있어서 무엇에 중점을 두고 있는지를 정확히 짚어내는 것이다. 다만 이것을 한마디로 단정하기 어렵기에 예를 들어 설명하겠다.

헬스케어분야의 한 회사가 지금 성장하고 있다고 가정하자. 과연 이 회사는 무엇을 지향하고 있을까? 아마도 세계 최고의 헬스케어 회사가 되기를 지향할 것이며 이를 위해서 최고의 기술을 개발하고 최상의 품질을 유지하는 것이 최대 과제일 것이다. 그런데 이러한 회사에 입사하기를 희망하는 지원자가 단순히 자기소개서에 인재상이 부합한다고 하거나, 면접에서 인재상을 운운하며 적합하다고 얘기한다면 통할까? 그렇지 않다.

취업준비생(대학 졸업예정자 또는 기졸업자)들이 가장 많이 실수하는 것 중의 하나가 회사를 선택하는 것이 마치 슈퍼마켓에서 사고 싶은 하나의 제품을 선택하는 것으로 판단한다는 것이다. 이러한 판단은 과거 10년 전에는 가능했다. 하지만 지금은 회사를 선택하는 이유가 단순히 회사의 인재상이 어떠냐가 아니라 내가 어떤 생각을 가지고 있으며, 일을 바라보는 관점이 어떠한지를 설명할 수 있어야 하는 것으로 진화되고 있다.

지원동기는 입사 후 포부다

이렇듯이 회사 지원동기는 단순히 인재상의 몇 단어로 설명될 수 있는 사전적인 지식을 나열하는 것으로는 부족하다. 한 회사의 탄생배경, 존재 이유, 지향점이 무엇인지를 명확히 이해하고 이에 대해 어떤 마음가짐을 가지고 지원하는지를 설명할 수 있어야 한다. 여기에 덧붙여 회사에서 보고자 하는 것은 입사 후 포부다. 즉, 엄밀히 얘기하면 질문이 지원동기지만 입사 후 포부가 질문에 내포되어 있다고 보는 것이 맞다. 따라서 회사에 입사하여 어떻게 회사에 기여할 것이며, 본인은 어떤 전문가로 성장할 것인가를 구체적으로 표현하는 것이 중요하다. 제발 인재상으로 지원동기를 풀어가는 것은 최후의 보루로 생각했으면 한다. 참고로, 입사 후 포부 작성 가이드는 이 장의 '입사 후 본인의 계획은? [지원자의 포부]'에서 자세히 설명하고 있다.

회사가 당신을 뽑아야 하는 이유는? : 지원자의 역량

글이 아닌 말로 대답한다면?

막막한 질문이다. 자기소개서뿐만 아니라 면접 시 단골 질문이기도 하다. 면접시간 언제쯤 물어보냐에 따라 질문의 의도도 다르다. 만일, 면접 막바지에 면접관이 끝으로 하나 물어본다면서 하는 질문이라면 몇 십 분의 면접과정에서 검증한 면접자의 지식 보유수준과 역량이 어느 정도 이상이라고 판단하는 것으로 이 질문에 또렷하게 대답하면 면접관은 최종 합격버튼을 누를 것이다. 그러나 면접 중간에 물어보는 경우에는 면접자의 지식과 스킬 보유수준 및 역량이 원하는 수준에 도달하지 않을 때다. 이럴 때는 면접관의 부정적인 판단을 일시에 해소할 수 있도록 '도 아니면 모' 전술을 구사해야 한다. 물론, 면접 초반부에 질문하는 것은 면접자가 다른 경쟁자들과 비교하여 상대적으로 어떤 차별화역량을 가지고 있는지를 확인하고 이를 검증하기 위한 것이다.

차별화 포인트 3가지로 접근해라

그럼, 이 질문에 제대로 대처하기 위해서 본인만의 차별화 포인트를 무엇으로 작성해야 할까? 크게 3가지 관점에서 접근해야 한다.

첫째, 업무전문성이다. 주로 상경계, 이공계 전공을 한 취업준비생들 중에 마케팅, 연구개발, 생산기술분야에 지원하는 경우에 해당된다. 예를 들어 자동차공학을 전공하고 완성차 업체에서 근무하고 싶다면 전공에서 배운 과목들 중에 공학기초(수학, 과학, 컴퓨터) 중에서 무슨 과목이 강하고 자동차 구동, 제동시스템, 차량동력학, 섀시 및 차체설계 등 전공에서는 어떤 분야에 강점이 있는지를 정리해야 하는 것이다. 또한, 연구개발 직무는 추가로 자동차 기능실습, 캡스톤디자인에서 어느 정도 노력을 기울였으며 성과는 어땠는지를 설명해야 한다. 만일 더 욕심을 낸다면, 미래형 자동차 개발에서 친환경, 친인간, 고안전, 지능형 중에 어디에 중점을 두고 개발할 것인지를 피력하면 짱!이다.

둘째, 본인의 차별화 포인트는 직무 수행역량이다. 이 책의 다른 장에서 역량이 무엇인지, 역량이 왜 필요한지는 설명되어 있으니 이 부분은 생략한다. 대신 어떤 역량으로 어필하느냐는 것이 궁금할 것이다. 그런데, 어떤 역량이냐고 물어보는지 모르겠다. 본인이 가지고 있는 역량을 정리하면 되는 것 아닌가? 본인이 보유하고 있지 않은 역량을 정리할 것도 아닐 테고, 가지고 있는 역량이 무지하게 많지도 않을 텐데 말이다. 다소 비아냥모드로 얘기해서 취업준비생들에게 미안하지만 그래야 자극받지 않을까 하는 의도가 숨겨져 있음을 이해 바란다. 그렇다면 본인이 가지고 있는 역량을 어떻게 어필하느냐가 관건이다. 이 점은 본인이 내세울 수 있는 역량을 희망하는 직무를 수행하는 데 어떻게 활용할 수 있을 것인지를 설명해야 한다. 예를 들어, 산업공학 전공자가 공장생산관리 직무를 희망할 때 본인이 가지고 있는 역량이 관찰력과 호기심이라면 이러한 역량을 활용하여 '공장 곳곳에 숨어 있는 낭비 요소를 제거하는 활동에 적극 참여하고, 더 나아가 회사 제안시스템을 활성화 하는 주도적 역할을 수행할 수 있다'고 정리하는 것이다.

셋째, 본인의 차별화 포인트는 인성(됨됨이)이다. 인성이라는 것이 별반 다를 게 있냐고 반문할 수도 있겠지만 그렇지 않다. 회사교육으로 바꿀 수 없는 것이 인성이다.(그렇다고 인성만 좋으면 되는 것은 아니니 오해 없기 바람)

그럼, 인성을 어떻게 어필할까? 고민스럽다. 특히, 말이 아니라 글로 표현하는 것에는 업무전문성과 역량에 비해 더 어렵다. 그러니까 소설을 써야 한다. 여기에서 얘기하는 소설은 글을 지어내라는 것이 아니라 본인이 성장하면서 어떤 것에 삶의 기준을 두고 살아왔으며 앞으로도 무엇에 중점을 두고 인생을 설계할 것인지를 글로 잘 표현하라는 의미다. 예를 들어, '어렸을 때부터 4대가 함께 살았습니다. 할아버지에게 회초리로 맞아가며 천자문을 배우면서 나라에 대한 충과 웃어른에 대한 효를 익혔습니다. 가족이 모두 모여서 조반을 함께해야 하므로 새벽에 일어나는 습관이 몸에 배었고, 가족들의 소중함을 몸소 느끼며 자랐습니다. 이러한 성장과정을 바탕으로 남에게 폐를 끼치는 것을 용납하지 않는 가치관이 자연스럽게 형성되었습니다. 나 하나가 부족하여 중심을 잡지 못하면 공동체에 피해가 될 수 있다는 생각으로 대학생활을 하였습니다. 조직생활도 동일하다고 생각합니다. 단순히 협업과 의사소통이 중요하다고 외치는 것보다는 내가 하는 일에 최고가 되기 위한 노력을 게을리하지 않을 것이라고 감히 약속합니다'라고 작성하는 것이다.

다른 후보자들과 비교하여 나만의 차별화를 나타내기 위해서는 앞에서 얘기한 것처럼 업무 수행 전문성을 보유하고 있거나, 전문성이 다소 미흡하더라도 최고에 도전하고자 하는 강한 열정이 있으면 된다. 전문성

과 역량도 그렇게 내세울 만하지 못한다면 조직생활에 적합한 인성 DNA
를 보유하고 있음을 강조하면 된다. 없는 것을 있다고 얘기할 수도 없으
므로 본인이 보유하고 있는 지식, 스킬과 태도 및 자세를 희망 직무와 연
계하여 적절하게 설명해야 한다.

입사 후 본인의 계획은? :
포부

일단 밥부터 하고 반찬 걱정한다?

　기껏해야 직무명과 대략적인 직무내용만 파악하고 입사지원을 하는 취업준비생들이 무슨 계획이 있겠는가? 그러기에 이런 것을 회사에서 물어본다는 것도 사실 욕심이다. 그러나 이러한 욕심을 탓하기만 하면 안 될 것이고 취업준비생들은 본인의 준비상태가 부족한 것을 인지하고 입사 후에 내가 해야 할 일과 그 일을 통해 회사에게 어떤 기여를 할 것인지 고민하고 또 고민해야 한다.

　우리가 쉽게 얘기하는 '일'은 그리 녹록치 않은 놈이다. 그냥 한다고 해서 되는 것도 있지만, 회사에서 이루어지는 대부분의 일은 그런 것이 아니다. 즉, 대충 해치워 버려서는 안 되는 일들이 많다. 따라서 대충 하지 않기 위해서는 목표와 계획이 있어야 한다. 회사에서는 입사해서 무엇을 하려고 하는지 궁금할 수밖에 없다. 목표가 뚜렷한 지원자가 상대적으로 조직에 기여할 확률이 높다고 판단하는 것이다.

뻔한 소리, 아주 지겹다

취업전문강사들이 자기소개서 코칭 시 사용하는 단어 중에 가장 많은 단어가 '구체적'이라는 것이다. '추상적으로 쓰지 말고 구체적으로 작성하라', '일반론 얘기를 하지 말고 구체적으로 작성하라'는 조언이다. 그런데, 다른 것은 다 떠나서 자기소개서 내용 중 구체적으로 작성해야 하는 것을 하나만 뽑는다면 단연 '입사 후 포부'이다. 많은 취업준비생들이 입사 후 포부 내용으로 작성하는 것 중 대표적인 두 가지 유형이 있는데, 솔직히 별로다.

첫째, 입사 후 기간별로 계획을 수립하는 것이다. 5년 후에는 직무전문가가 되어 기술사 자격증을 취득하고, 10년 후에는 팀장이 되어 팀을 잘 이끌 것이며, 20년 후에는 총괄임원이 되어 회사에 기여하겠다는 형식으로 작성한다. 이것은 말도 안 되는 얘기며 한낱 꿈에 불과한 이야기다.

둘째, 글로벌 전문가가 되기 위해 영어 외에 중국어 등 제 2외국어를 공부하고, 직무 수행 관련 자격증을 취득하고, 기회가 된다면 대학원에 진학하거나 해외주재원으로 근무하고 싶다는 내용으로 작성하는데 이 역시 뻔한 소리고 하나마나한 이야기다.

고기도 먹어본 놈이 잘 먹는다

그렇다면 입사 후 포부는 어떻게 작성해야 할까?

첫째, 직무뿐만 아니라 지원회사의 취급품목(or 서비스)와 연계하여 입사 후 본인의 계획을 정리해야 하는 유형으로 주로 마케팅과 연구개발 직무에 해당한다. 즉, 같은 직무일지라도 화학, 전자, 전기, 식품 등 지원회사의 산업별 특성과 해당 회사가 개발하고 생산하는 제품에 따라 포부가 달라져야 한다. 예를 들어, 가전회사 연구개발에 지원하는 경우에는 수많은 가전 중에서 어떤 제품의 연구개발을 담당하고 싶고, 미래에 어떤 기술을 연구하여 제품에 접목하고 싶어 하는지를 구체적으로 정리하면 좋다. 물론, 하고 싶어 한다고 해서 회사에서 당장 기회를 주는 것은 아니다. 그러나 그냥 요리사가 되고 싶다는 것과 할랄음식 셰프가 되고 싶다는 것은 포부 측면에서는 천양지차다. 아울러, 구체적으로 본인의 꿈을 설명할 수 있다는 것은 그만큼 해당 분야 및 기술에 대해 관심이 많다는 것을 증명하는 것이기도 하다.

둘째, 직무내용을 보다 더 면밀히 분석하여 내가 해야 할 일의 존재이유를 이해하고 입사 후 본인의 계획을 정리하는 유형이다. 회사에서 현재 고민하고 있는 것이 무엇이며 앞으로 어떤 것을 검토해야 하는지를 이미 어느 정도 인지하고 있음을 보여줌으로써 본인의 가치를 어필하는 것이다. 예를 들어, 유통산업의 한 회사에 인사 직무를 희망하는 지원자는 유통산업의 인사고민이 다른 것보다 비정규직 인력관리라는 것을 이해한다면 이에 대한 본인의 업무계획으로 비정규직의 확보, 유지, 육성 측면의 새로운 제도를 기획하여 회사역량을 강화하고, 더 나아가 비정규직의 직업적 안정성을 도모하겠다고 하면 해당 회사에서는 어떤 지원자인지 궁금해서 면접을 보고자 할 것이다.

TOP of TOP-결론은 입사 후 포부다

수많은 회사의 자기소개서 문항이 조금씩 다르지만 거의 빼놓지 않고 들어가는 항목이 입사 후 포부다. 이는 인재를 채용하는 과정에서 입사 후 포부가 어떠냐에 따라 직무적합성을 넘어서 조직적합성까지 판단하는 중요한 잣대이기 때문이다. 예전 어린이들이 부르던 노래 중에 "우리 집에 왜 왔니? 왜 왔니?"라는 동요가 있다. 당신이 어느 집에 가면 왜 왔냐고 물어볼 텐데 '그냥 왔다고' 할 것인가?

네 인품이 어때? 인성이 어때?

'성격'이라는 단어의 뜻은 개인이 가지고 있는 고유의 성질이나 품성을 의미한다. 결국 성격의 장단점을 물어본다는 것은 품성이 어떠한지를 확인하는 것으로 인품, 인성을 확인하는 것과 다를 바 없다. 다만, "네 인품이 어때?", "인성이 어때?"라고 직접적으로 물어보지 않고 약간 에둘러서 성격이 어떠냐고 물어보는 것이다. 그렇다면 성격의 종류에는 어떤 것들이 있는가? 가장 대표적인 것이 내향적, 외향적, 소극적, 적극적이다. 이 네 가지 중에 굳이 한두 개를 고르라고 한다면 외향적 또는 적극적을 선택할 것이며 때로는 내향적 또는 적극적을 선택할 것이다. 아마도 소극적을 택하는 취업준비생은 없을 것이다. 어찌 보면 뻔한 대답이 나올 만한 질문이며, 하나마나한 질문이다. 회사 채용팀이 많은 고민을 하지 않았다는 것을 반증하는 질문인 것이다. 그러나 아직도 자기소개서 문항으로 사용하고 있으니 그냥 넘어갈 수는 없다.

14개의 단점을 함께 고치고 싶습니다

그러나 '성격의 장단점을 기술하시오'라는 질문에서는 장점보다는 단점에 주목할 필요가 있다. 바꿔 말해서 본인의 단점을 잘 파악하고 있는지, 또한 단점을 보완하기 위해서 어떤 노력을 하고 있는지를 확인하고자 하는 의도가 더 강한 것이다.

한 식품회사에 지원한 후보자가 본인의 단점을 14개나 적고, 이러한 단점을 입사하여 선배들과 함께 고쳐보겠다고 자기소개서를 작성한 얘기를 회사 인사팀 직원에게 들은 적이 있다. 참으로 영특하고 발전 가능성이 높은 인재가 아닌가 싶다. 왜냐하면 취업준비생들의 자기소개서 코칭을 하다 보면 단점을 작성하지 못하는 경우를 허다하게 많이 보았기 때문이다. 그런데 14개나 작성했다는 것은 본인에 대한 문제점이 무엇인지 명확히 파악하고 있으며 14개 단점 중에 시급하게 고쳐야 할 것과 좀 더 시간을 갖고 고쳐야 할 것으로 구분하여 노력한다면 그 누구 못지않은 훌륭한 인재가 될 확률이 매우 높다고 판단할 수 있다. 그렇다면 단점에는 어떤 것을 써야 할지가 궁금할 것이다. 단점은 회사생활에 치명적이거나 희망하는 직무 수행에 장애요인이 되는 것은 가급적 피하고 최대한 솔직하게 작성하라는 것이 일반적인 가이드다. 그러나 너무 솔직한 나머지 본인의 단점으로 '사람 낯을 가린다'고 하면 그 어떤 회사와 직무에서 괜찮게 생각할지 모르겠다.

글씨가 악필이다. 아침잠이 좀 많다

단점으로 어떤 것을 써야 할까? 많은 취업준비생들은 성격에 국한하여 생각하다 보니 그 폭이 좁은 듯하다. 보다 넓게 생각하면 여러 가지 단점들을 찾을 수 있을 것이다. 글을 작성하는데 있어서 오프라인에서는 '손글씨 필체가 악필이다', 온라인에서는 '타이핑 속도가 좀 늦다' 등이 있을 것이며, 잠자고 일어나는 패턴에서도 '아침잠이 좀 많다' 등이 있을 것이다. '모르는 것을 물어보지 않고 혼자 고민하는 성향이 있어 초행길에서 헤맸던 적이 있고', 반면에 '주위 사람들에게 과도하게 관심을 보여 때로는 불편하게 하는 것' 등이 단점이 될 수 있다. 물론 보는 관점에 따라 앞에서 얘기한 것이 단점이냐고 반문할 수도 있겠지만 중요한 것은 이러한 본인의 단점을 알고 있다는 것이다.

성격과 성깔은 다르다

"그 친구 한 성격하던데, 보통은 아닌 것 같아. 가능하면 건드리지 않는 것이 신상에 좋을 듯 싶어"라는 이야기를 한 번쯤은 들어봤을 거다. 앞에서 언급한 성격은 또 다른 말로 성깔이라고 표현한다. 만일 성격이 원만한 인재와 까칠한 인재가 있다면 회사에서는 누구를 선택할 것인가? 답은 자명하다. 성격이 원만한 인재를 선택할 것이다. 물론 성격이 원만한 것과 역량, 성과와의 연관관계는 없다. 성격 하나로만 평가를 한다면 이렇다는 것이다. 회사에서 필기시험 중의 하나로 실시하는 인성검사가 바로 까칠한 인재를 골라내는 역할을 한다. 공격적, 충동적 성향이 강하거나, 사회비판 성향이 너무 과도한 후보자들은 신중하게 판단하여 인성검사에서 탈락시킨다. 면접을 봐야 하는 경우라면 면접 시 면접관에게 인성검사 결과지를 제공하여 면접과정에서 인성검사 결과가 과도하게 높은 것으로 측정된 부정적 성향을 재검증하는 절차를 수행토록 한다.

장단점, 이렇게 써봐라!

우리가 사용해야 할 자원은 그 어떠한 것도 무한하지 않습니다. 따라서 어떠한 성과를 도출하기 위해서 투입해야 하는 자원을 최소화 하는 것이 무엇보다 중요함을 인식하고 어떤 일을 수행하기 전에 가장 효율적인 방법을 찾아보는 습관이 있습니다. 이는 제가 전공한 산업공학의 학문적 특성에 기인하며 차츰차츰 저의 일DNA로 자리 잡아 가고 있습니다. 학창시절에도 한 학기에 해야 할 전공수업, 학생회활동, 친구 만남, 아르바이트를 제대로 수행하기 위해 효율성 관점에서 일정계획을 수립하고 불필요한 동선을 최소화 함으로써 주어진 시간을 잘 활용하였다고 자부합니다. 물론, 효율성이 좋다고 결과가 좋은 것은 아닙니다. 때로는 최대의 성과를 내기 위해 효율성보다는 효과성에 집중해야 할 경우도 있습니다. 다만, 현재까지의 경험으로는 효율성과 효과성을 비교 판단하는 시각은 부족하며 이를 보완하기 위해 무엇을 해야 하는지도 잘 모르는 것이 사실입니다. 그러나 회사에 입사하여 제가 잘할 수 있는 생산관리 업무를 수행하며 선배들의 가르침을 성실히 따라간다면 어떤 일의 수행에 있어서 효율성과 효과성 중에 하나를 선택하여 집중해야 하는 방법을 터득하게 될 것입니다. 하루 빨리 그러한 시간이 오기를 기대합니다.

성장과정은 별나라, 달나라 얘기가 아니다

자기소개서에서 성장과정을 물어보는 것은 현재의 추세는 아니지만, 최근에도 성장배경, 성장환경 또는 성장하는 데 영향을 끼친 사건 또는 인물 등의 질문으로 지원자의 성장과정을 확인하고자 하는 회사들이 있다. 그렇다면, 왜 회사들은 지원자의 성장과정을 궁금해 하는 것일까? 성장과정에서 특이점을 찾고자 하는 것은 분명할 텐데 어떤 것이 특이점이 될 것인가에 취업준비생은 주목해야 한다. 그렇다면 꼭 특이한 내용만 작성해야 하는지에 대해 궁금할 것이다. 그렇다. 특이해야 한다. 다만 특이하다는 것이 별나라, 달나라 얘기를 의미하는 것이 아니다. 지구상에 태어나 성장하면서 본인이 경험하고 생각한 것에 대해 작성하는 것이다.

유/초등시절 이야기는 넣어둬!

우선, 태어나서 초중고를 졸업하고 대학생활까지 짧게는 23년 이상의 기간이 있을 텐데 언제 이야기를 작성해야 좋을지를 고민해야 한다. 대부분의 취업준비생들은 아마도 고등학교 이후의 학창시절 이야기가 소재가 될 것이다. 물론, 중학교 이전의 성장과정을 이야기하지 말라는 것은 아니다. 아주 특이한 성장과정이라면 가능하다. 예를 들어, ①어렸을 때 외국에 이민을 가게 되어 학창시절 대부분을 외국에서 지낸 경험, ②부모님을 일찍 여의고 조부모 밑에서 힘들게 자란 경험, ③각종 경진대회에 참가하여 우수한 성적을 거둔 경험, ④남다른 생각과 행동으로 주위의 관심과 우려를 한 몸에 받았던 경험, ⑤교통사고, 큰 질병 등으로 한동안 병원 신세를 져야 했던 경험 등이다. 그런데, 왜 이러한 경험들은 써도 되고 다른 평범한 경험은 쓰면 안 되는 것일까? 하나하나 이유를 붙일 필요는 없다고 판단되지만 굳이 설명을 한다면 첫째, 남다른 이색적인 경험을 통해 직무적합성을 검증하는 측면과 둘째, 성장과정에서 고난과 어려움을 이겨내고 이 자리에 설 수 있는 사람이라면 앞으로 충분히 회사에 기여할 수 있는 잠재력을 보유하고 있다고 판단하기 때문일 것이다.

목표의식은 회사의 전유물이 아니다

어떤가? 앞에서 예를 든 5가지 경험이 있는가? 아마 많은 취업준비생들에게 없는 경험일 것이다. 그렇다면 고등학교 이후 학창시절의 어떤 내용을 소재로 성장과정을 어필해야 할까? 가장 일반적이면서도 회사 인사담당자가 부담 없이 긍정적인 평가를 할 수 있는 소재는 '대학생활에서 전공 외에 어떤 분야에 관심이 있었는지'를 얘기하는 것이다. 이 이야기를 다른 질문으로 변경해보면 '대학에 입학할 때 어떤 목표를 가지고 있었냐?'고 물어보는 것과 동일하다. '입학 전형방식은 달라도 대학에 입학하는 과정은 동일할 텐데, 도대체 어떤 목표를 세워야 하는 것인가?'라는 의문이 들 것이다. 안타깝게도 이런 의문이 드는 취업준비생은 대학생활의 목표가 없었을 확률이 높다. 비판하는 것은 아니다. 말이 그렇다는 것이며 대부분의 대학생들이 별반 차이가 없을 것이다. 회사도 마찬가지다.

지원동기, 입사 후 포부를 가장 중요한 자기소개서의 질문으로 하는 이유가 어떤 목표를 갖고 취업하려는 것인가를 매우 중요하게 판단하기 때문이다. 그런데 지원자의 과거 성장과정에서 이러한 목표의식을 엿볼 수 있다면 또 다른 검증이 되는 것이 아닌가 싶다. 이러한 접근의 검증방식을 회사에서는 '관점의 일관성'이라고 표현한다. 즉, 어떤 한 가지 사안에 대해 오래전부터 일관된 모습을 보이고 있을 때 보다 더 높은 성과를 창출할 수 있다고 믿는 것이다.

성장과정, 이렇게 써봐라!

자칭 중산층이라고 하는 평범한 가정에서 태어나 대한민국의 공교육에 만족하지 못한 부모님의 권유로 사교육까지 받아가며 대학에 입학하였지만 남과 다른 대학생활을 보내고자 하는 생각에 3가지 목표를 세웠습니다. 첫째, 가족의 조사를 제외하고는 어떠한 경우라도 수업은 빠지지 않는다. 이는 내 자신의 성실성을 담보할 수 있는 최소한의 지표였습니다. 둘째, 누구에게 그 어떤 것도 바라지 않는다. 학비는 가능한 한 장학금으로 대체하고 용돈은 내가 벌어 쓰며 대학생활을 사회에 진출하기 앞서 경험하는 경제적 독립의 장으로 활용하고자 했습니다. 셋째, 모든 것은 공유하고 베푼다. 내가 누리고 있는 모든 것은 그 누군가의 희생으로 얻어진 것이므로, 내가 알고 있는 지식과 정보를 최대한 많은 사람들에게 공유하여 보다 더 나은 세상을 만들고자 지식 블로그를 운영하며 공유를 실천하였습니다. 이렇듯이 저는 대학생활의 분명한 목표가 있었기에 지금 이 시점에 특별한 후회는 없습니다.

짧은 자기소개서 vs 긴 자기소개서

'자기소개서를 작성하는가, 채우는가?' 이 질문에 온전히 멋지게 작성하고 있다고 말할 수 있는 사람은 몇 없을 것이다.

창의적 아이디어? 도전? 희생? 대체 뭘 보고자 하는지 고민될 때가 많다. 하지만 이건 아무것도 아니다. 무슨 질문이든 그냥 '3000자'라는 조건이 보이는 순간 우린 아무 생각하지 말고 그냥 채우는 거다. 이런 경우 어떻게 받아들여야 하며 어떻게 작성해야 하는가? 자기소개서의 질문과 분량은 채용담당자의 의도가 담겨 있다. 글자 수가 적다고 해서 소홀히 사람을 평가하겠다는 이야기가 아니다.

분량에 따른 의도를 파악하고 접근하자!

300~500자 : 짧은 자기소개서에서 많은 것들을 보기보다는 면접에서 본인이 작성한 '팩트'를 통해 본인을 증명하겠다는 이야기라고 보면 된다. 필요한 것들을 명확히 기술하고 면접에서 받게 될 추가질문까지 대비할 수 있어야 한다.

500~1600자 : 자기소개서를 꼼꼼히 몇 번이고 들여다본다고 알려진 기업들의 경우는 최소 500에서 1600자까지 분량을 주고 있다. 자기소개서는 중요하고, 그리고 이 정도는 작성할 수 있어야 구직자의 이야기를 믿을 수 있다고 생각한다. 질문에서 요구하는 본인의 강점을 경험을 기반으로 증명할 수 있어야 한다.

3000자 : 두 가지로 생각해 볼 수 있어야 한다. 글자 수가 많고 질문을 구체적으로 주지 않은 경우에는 자유양식처럼 본인이 무엇을 작성할 것인지를 주도적으로 생각해봐야 하지만, 대체로 기업의 비전이나 신념과 관련된 질문들로 구성되어 있는 경우가 많다. 이 경우 기업의 입장에서는 '올 놈만 와라'라는 기준이 더욱 강해질 수 있는 형태이다. '자기소개서가 부담스러운 사람!', '기업의 비전도 모르는 사람!', '기업의 기본적인 정보 확인 부족한 사람!'은 모두 빠지라는 이야기다. 그리고 조금이라도 관심 있는 구직자(=고객)에게 기업의 가장 중요한 색을 알릴 수 있는 좋은 기회는 덤이다. 구직자도 힘들지만 자기소개서의 질문을 만드는 채용담당자의 고민도 그리 쉽지 않다.

글자 수만의 부담보다는 질문의 형태에 따른 의도를 잠시 살펴보자.

질문에 따른 자기소개서 대응 요령

❶ 질문이 구체적이다

대게 글자 수가 어느 정도 주어진 경우는 질문이 구체적이다. 구체적인 질문일수록 기업에서 요구하는 것이 더욱 명확해지고, 어려워 보이지만 막상 손을 대기 시작하면 주어진 주제에서 벗어나지 않게 작성할 수 있다. 요구한 것을 잘 보여줄 수 있다는 건 서로에게 너무나 다행스러운 일이다.

질문의 의도를 파악하는 것부터 출발하자. 구체적인 질문을 간과하고 본인의 주관적인 경험만 나열하다 보면 말귀 못 알아듣는 사람이 되어버릴 수도 있으니까.

❷ 질문이 구체적이지 않다

질문이 구체적이지 않은 경우는 글자 수가 짧을 경우가 많다. 사실 인사담당자는 글자 수가 적을수록 질문을 구체적으로 만들어 원하는 것들을 얻을 수 있어야 한다. 하지만 지금까지는 구체적인 질문으로 묻기보다는 구직자에게 자율성을 부여하고 작성된 내용을 토대로 서류 통과 이후 면접에서 확인하는 경우가 많았다. 질문이 구체적이지 않을수록 너무 많은 것을 보여주려는 욕심을 줄이자. 한두 가지의 본인이 집중해야 할 키워드를 먼저 정하고 그에 관련된 내용으로 기술할 수 있어야 한다. 질문이 구체적이지 않다는 건 읽는 사람도 힘들다는 이야기다. 그렇기 때문에 두괄식으로 쉽게 읽을 수 있도록 만드는 고민이 반드시 필요하다. 마음대로 떠들어 보라고 했더니 넋두리만 늘어놓는 상황을 만들면 안 된다는 이야기다.

여기까지 글자 수에 따른 의도가 이해되고 의도 파악이 중요하다는 생각이 들었다면, 더욱 현실적인 'Tip' 하나를 활용해보자. 자기소개서는 짧든, 길든 결국 힘들다. 그럴수록 절대 '채우려'고 하지 말고 글을 작성하려고 해야 한다. 작성하기 전에 미리 분량을 정해놓고 작성하는 것이다.

예를 들어 1000자 짜리 경험을 작성해야 하는 자기소개서 항목이라면, 〈사건설명 20%+문제인식 10%+본인의 행동 50%+결과 및 결론 20%=100%〉 이렇게 분량을 정해놓고 시작해보자. 자기소개서 작성 시 활용하는 STAR(Situation+Task+Activity+Result)기법을 임의의 분량을 정해서 활용해도 좋다. 어떤 기법이든 글자 수에 대한 배분이 되지 않은 상태에서 시작하게 되면, 우리는 글을 채우기 위해 의미 없이 앞부분만 길게 늘이다가 자기소개서가 마무리되는 경우를 흔히 보게 된다.

주어진 자기소개서는 읽고 싶은 사람들의 의도가 담겨 있다. 분량도 질문도 의도에 맞게 고민하고 원하는 것에 집중하도록 노력해보자.

디테일 질문 vs 자유양식

우리는 한번쯤 MT 혹은 동아리 모임에 나가본 일이 있을 것이다. 가장 곤욕스러운 순간은 자기소개 시간이다. 차라리 나에게 무언가 질문을 해주었으면 좋겠다고 생각할 때가 많다. 자기소개서에서도 마찬가지로 자유양식으로 기술하는 질문을 받았을 때 가장 고민이 많아진다. '자유롭게 자신을 기술하시기 바랍니다'라는 부담스러운 질문에 3000자라는 글자 수까지 더해진다면, 밤새워 내 머리를 쥐어뜯을지도 모르겠다. 그렇다고 디테일한 질문이 쉽게 자기소개서를 쓸 수 있는 것은 아니다. 질문을 잘 살펴보고 접근하도록 하자.

● **질문 예1**

과제 및 업무수행상황에서 구성원들 간의 갈등을 중재하거나 효율적으로 과제 및 업무가 진행될 수 있도록 의사발언을 한 경험이 있습니까? 상황을 설명해주시고 본인이 생각하는 업무효율성 또는 업무성과를 높이기 위한 효과적인 의사소통방법을 기술해 주십시오.

● **질문 예2**

학교나 사회에서 어떤 일(학업, 팀 프로젝트, 인턴활동 등)을 하면서 한정된 시간, 정보, 사람에도 불구하고 이를 이겨내고 주어진 업무나 과제를 성공적으로 마친 경험이 있습니까? 당시 상황을 기술하고, 어떤 방식으로 한정된 자원을 관리해 나갔는지 자세하게 행동 중심으로 기술해 주시기 바랍니다.

● **질문 예3**

경험사항 : 도전적인 목표를 정하고 열정적으로 일을 추진했던 경험을 구체적으로 기술해 주시기 바랍니다. 특히 일을 추진해 나가는데 있어서 어려웠던 점과 그 결과에 대해서 중점적으로 기술하시기 바랍니다. 또한 직무 관련 공모전 수상, 인턴경험, 혹은 본인을 어필할 수 있는 특이경험이 있다면 기재해 주시기 바랍니다.

* 본 문항은 해당자만 작성하시면 됩니다.

(공모전 작성 예시: 공모전, 공모전명, 수상등급, 주최사, 공모전 주제 간단히 소개)

(인턴경험 작성 예시 : 인턴경험, ○○기업 ○○○팀, YYYYMM~ YYYYMM 근무, 업무내용에 대한 간단한 설명)

(특이경험 작성 예시 : 특이경험, 본인의 경험을 간단하게 설명)

위의 세 가지 질문 예시를 보면 어떤 생각이 드는가? 차라리 자유양식이 낫겠다는 생각을 하게 될지도 모르겠다. 하지만 잘 보면 디테일한 질문은 그 안에 답이 있는 경우가 많다. 1번처럼 갈등이라는 구체적인 키워드를 주거나, 2번처럼 본인의 행동을 중심으로 작성하라고 하던지, 3번처럼 어떤 형식과 구조로 써야 하는지를 알려주는 경우가 그 예이다.

꼼꼼히 읽어보지 않았음에도 질문이 길다고 무작정 '어렵다!'라고 단정 짓는 것은 자기소개서를 작성하는 데 이미 지쳐버린 나의 모습을 발견하는 것과 같다.

직접적인 키워드를 활용해보자

직무 중심으로 채용을 하는 기업의 경우는 질문 안에서 직무역량을 키워드로 직접 언급하는 경우가 많다. 역량이 질문 속에 담겨 있다면 반드시 본문에도 언급하도록 하자.

1번의 질문 예시처럼 내가 어떤 중재를 했었는지, 어떤 소통을 활용했는지를 직접 언급함으로써 문제를 해결한 경험을 작성해보자. 이를 통해 입사 후 사람들과 소통하는데 있어서 태도가 어떠할지를 예측할 수 있다. 또한 직무에서 필요한 '소통'과 관련된 경험에서 긍정적인 가능성을 보여줄 수 있을 것이다.

내가 더 낫다는 것을 보여주자

2번의 예시처럼 팀원과 함께한 경험에 대한 질문이 나온다면, 특이하고 색다른 상황에 연연하지 말고 다른 팀원에 비해 내가 다른 모습을 보여줄 수 있었는지를 기술하도록 하자.

똑같은 문제라도 나는 남들과는 조금이나마 다른 모습으로 접근할 수 있고, 더 나은 결과를 줄 수 있다는 것을 보여주자. 특별한 태도가 아니어도 좋다. 단지 달랐다는 것을 통해 내 역량이 좋은 결과로 이어질 수 있다는 것을 보여줄 수만 있으면 된다. 정보를 보느냐, 현장을 보느냐, 사람을 보느냐, 근본적인 문제를 보느냐에 대한 본인의 행동방식의 차이에 따라 가능성과 직무역량을 엿보게 된다.

있는 그대로 작성해보자

'이 이상 어찌 디테일할 수 있을까?' 싶은, 작성 구조까지 주는 질문에서는(질문 예시3) 주어진 그대로 따라가는 것이 좋다. 질문을 준 사람도 구조를 머릿속에 넣고 읽기 때문에 순서와 내용 모두 주어진 형태를 그대로 따라가는 것이 좋다. 없다면 어떻게 할 것인가? 이런 질문은 관련 경험이 있는 사람만 작성하거나 연관성 있는 다른 경험으로 대체하라고 조건을 걸어주는 것이 일반적이다. 가장 머릿속이 평화로워지는 질문이라고 말하고 싶다. 군더더기를 최대한 줄이고 팩트만 기재할 수 있도록 한다. 질문이 더욱 다양해지더라도 위 사례에서처럼 질문 안에서 답을 찾아간다는 것을 기억해야 한다.

자유양식은 자유롭게 작성하자

끝으로 자유양식의 경우에는 자유롭게 작성하면 된다. 한 가지 기억할 것은 자유롭게 작성하기 때문에 쉽게 읽기 어려울 수 있다는 것이다. 두괄식 표현을 통해 앞부분에 무엇을 이야기할 것인가에 대한 방향을 설정해 주지 않고 자유롭게만 기술하다 보면 읽는 사람이 불편하고 어려워질 수밖에 없다.

글자 수가 길면 더욱 그렇다. 아예 전체 질문이 자유양식이라면, 첫 단락은 자신의 목표를 보여줄 수 있는 동기를 먼저 기재하는 것을 추천하고 싶다. 동기를 가장 먼저 작성함으로써 자신의 목표를 명확하게 보여줄 수 있고, 관련된 역량과 태도 그리고 가치관까지 방향성 있게 작성하기 수월해지기 때문이다. 어떤 내용이 목차역할을 해줄 수 있을지 방향을 고민하고 접근한다면 자유양식임에도 자신을 더욱 효과적으로 드러낼 수 있는 방법을 찾을 수 있을 것이다.

상황대처 질문에 관한 자기소개서 작성법

　상황대처에 관한 질문은 보는 순간 놀라는 경우가 많다. 질문의 길이에 일단 놀라고, 상상해보지도 않은 '직무상황'에 두 번째로 놀란다. 끝으로 내 머릿속이 한참 백지라는 것에 놀란다. '나의 삶을 선택할 것인가? 회사를 선택할 것인가?', 혹은 '동료를 선택할 것인가? 나의 성공을 선택할 것인가?' 어떤 결정도 고민이 되는 질문은 더 큰 문제다.

　케이스 질문의 활용은 많은 기업으로 번져가고 있다. '직무이해도', '일 처리 방식 및 태도' 등을 한꺼번에 볼 수 있기 때문이다. 질문 자체에 집중하지 않으면 엉뚱한 답변으로 글자 수만 채운 자기소개서를 제출하게 될 수 있다. 일단 한 가지 오류는 범하지 않도록 하자. 주어진 상황대처를 어떻게 할 것인지를 답하라고 하는 경우, 결국 '나의 모습'을 보여 달라고 하는 것임을 잊지 말아야 한다. '자기'소개서라는 것에 집중해야 한다. 멋진 답변을 하기 위해 급급한 나머지 자신의 모습보다 상황을 해결할 수 있는 아이디어에 집중해 채용담당자를 가르치게 되는 모순에 빠지면 안 된다는 것을 기억하자.

조금 더 구체적인 작성 스킬을 배워보자

이런 질문은 사실 면접에서 자주 사용되는 단골 질문이다. 면접에서 어떻게 질문을 이어갔는지, 무엇을 원했는지를 생각한다면 조금 수월해질 수 있을까 하는 고민에서 출발해 보자.

팀원들이 자신의 도움을 필요로 한다. 하지만 본인은 승진의 기회를 보장받을 수 있는 프로젝트를 기획하기에도 시간이 벅차다. 과연 어떤 선택을 할 것인가?

나의 답은 무엇인가? 면접에서는 어느 쪽을 선택해도 추가 질문이 이어질 수밖에 없다. '팀원을……'이라고 한다면 '본인은 목표의식이 없느냐'라고 할 테고, '승진을……'이라고 한다면 '이기적인 사람이냐'라고 추가 질문이 나올 수 있다. '뭘 어쩌라는 거지? 나한테 왜 이래?'라는 생각이 든다. 이때는 다음 두 가지 태도 중 하나를 택하도록 하자.

첫째, 스트레스보다 솔직해지자. 진정성으로 면접까지 대응할 수 있도록 하자.

둘째, 보여주고자 하는 모습이 결국 지금까지의 삶에 어떤 긍정적인 성과들을 가져다 주었는지 자신의 과거경험을 통해 증명하도록 하자.

자기소개서는 일관성을 잃게 된다면 스트레스만 받고 결과에 대한 불만도 커지기 때문이다. 자기소개서에서도 내가 어떤 사람인지에 관해 솔직하게 방향을 보여주는 것이 가장 좋은 전략이다.

작성과정에서 최소한 두 가지는 고려하자

과감히 하나를 버려라

둘 중 하나를 선택해야 하는 질문의 경우는 양쪽 모두를 선택하거나 어느 쪽도 좋은 결정이 아니라는 쪽으로 접근하다 보면 자신의 색을 보여줄 수 없다. 유연하지 않아도 좋다. 상황대처에 관한 질문은 본인이 어떤 생각에 무게를 두고 있고 실제로 그렇게 살아가고 있는가를 묻고 싶은 것이다. 앞선 질문에서도 팀원을 선택하거나 일을 선택하는 것을 통해 내 삶의 중심이 어느 쪽에 있는가를 보여줄 수 있어야 한다. 만약 일을 선택한다고 해서 사람은 중요하지 않다는 이야기가 아니다. 반대로 사람을 선택한다고 해서 일은 뒷전이라고 보지도 않는다.

결국 가장 중요한 질문의 의도는 '왜?'라는 것을 기억할 수 있어야 한다. '자신의 우선순위를 누가 결정할 것인가?' 결국 '내가' 결정해야 한다. 그럼 더욱 확신이 있어야 하고 당당해야 한다. 하지만 당당함이 고집스러움으로 표현되어서는 안 된다. 이를 위해 지금 결정하는 자신의 생각들이 과거에 얼마나 좋은 결과를 낼 수 있었는지 경험을 통해 어필해야 한다.

하나를 선택하더라도 자신의 강점을 명확히 어필할 수 있는 결과를 만들 것이다.

경험 중심의 작성보다는 선택과 결과에 집중하자

위에서 우리는 경험으로 증명하자고 이야기했다. 하지만 자칫 경험을 작성해서 글을 채우려 하다 보면 상황설명에 집중해 글자만 채워지는 경우가 많다. 자신의 경험을 작성하는 것에서 그치지 말고 나의 선택과 그를 통한 결과를 보여줄 수 있는 노력들을 할 수 있어야 한다.

사례를 통해 이해를 해보자.

프레젠테이션 동아리를 하며 매년 5회의 PT대회를 준비했습니다. 하지만 매번 팀원들과 의견에 대한 충돌이 생겼고 이 때문에 우리는 번번이 팀원의 의견을 수렴하는 데 시간이 너무 많이 걸렸습니다. 다행히도 저희 팀원들은 배려심을 통해 이해하기 시작했고 이를 통해 무사히 대회를 마칠 수 있었습니다.

요약된 내용이지만 이런 사례에서는 구체적인 결과, 본인이 어떤 선택을 했는지도 보여지지 않고 있다. 이런 식의 기술은 '선택의 기로에 선 적이 있다!'라고 이야기하는 것인지, '어떤 선택을 중요하게 생각했다!'라는 것인지 본인의 색을 명확하게 보여주지 못한다.

조금 더 이해하기 쉽게 수정해 본다면,

팀은 팀원이 중심이어야 합니다. 동아리를 통해 PT대회에 매년 5회 이상 참여하며 저는 무엇보다 팀원들의 의견을 중요시했습니다. 매 대회마다 번번이 의견을 수렴하는 데 시간이 많이 걸렸지만, 우수한 결과와 팀원 모두를 잡는 유일한 방법은 수용이라고 생각했습니다. 그래서 OO방법을 통해 그들과 더욱 많은 의견을 나누기 위해 노력했고 이를 통해 1등이라는 결과까지 얻어낼 수 있었습니다.

글자 수가 짧든 길든 본인이 보여주고자 하는 것은 명확해야 한다. 명확한 방향은 5회의 PT대회 경험이 아니라 '자신이 중요하게 생각하는 가치'라는 것을 잊지 말자.

인생의 새로운 전환점에서 우리는 가지지 못한 스펙에 대한 두려움과 좌절보다는 본인 스스로에 대한 자아성찰이 되지 않은 모습을 부끄러워 할 수 있어야 한다. 내가 나를 모르는데 나를 알고 싶어 하는 채용담당자는 누구에게 당신을 물어야 하는가? 내가 누구인가에 대한 자기성찰이 부족하다면 조금만 특이한 질문이 나오더라도 우리는 '나!'라는 가장 중요한 정답에서 벗어나 기업이 좋아하는 것만 보여주려고 하다가 '자소說'을 만들게 되는 것이다.

기업들은 해가 거듭될수록 특이해 보이는 질문들을 통해 자기소개서를 만들어낸다. 하지만 이런 질문은 구체적으로 활용될 수 있는 실무역량과 구직자의 본질을 확인하고자 하는 것이지, 일부러 질문을 어렵게 만들어 골탕을 먹이려 하는 것은 아니라는 걸 기억해야 한다.

사람과 일, 과정과 결과, 윤리와 성과, 희생과 도전, 끈기와 열정 등 수

많은 선택지를 받는 순간 어떤 것이 정답인지를 고민하기 전에 내가 어떤 사람인지를 생각할 수 있어야 한다.

질문이 구체적으로 나오는 경우에는 주어진 직무상황에 너무 몰입하지 말고 '내가 선택해야 하는 키워드가 무엇인지', 그에 따른 본인의 생각과 경험은 얼마나 명확한지를 보여주려는 노력이 필요하다. 이 모두를 위해서 두괄식으로 키워드를 먼저 잡고 경험을 작성하는 접근이 쉽게 작성할 수 있는 tip이 될 것이다. '나에 대한 확신으로 일관성 있는 글을 연습해라!' 조언하고 싶다.

조직적응을 위한
자기소개서 작성법

　기업은 우리가 꼭 합격해야 할 대상이기 이전에 조직이다. 조직은 결국 사람이 모인 집단이다. 집단에서 적응할 수 있는 기본적인 능력이 없다면 기업에서 살아남을 수 없다. 그래서 대다수의 기업에서는 '조직적응력'이라는 항목을 통해 나와 함께할 수 있는 가능성을 확인한다. 여기서 '조직적응력을 어떻게 표현하는가?' 하는 질문보다 어떤 형식으로 묻는지를 먼저 보는 것이 좋다. 지금까지 본 것처럼 자기소개서의 질문은 그리 단순하지 않다. 대표적인 질문을 보면, '팀원들과 함께했던 경험을 기술해라', '사람과 함께 업무를 하는 과정에서 본인이 보인 태도를 기술해라', '마찰이 있었던 경험과 이를 해결하기 위한 노력을 기술해라'라는 식의 팀원들과의 경험을 묻는 것이 일반적이다. 이런 질문에 대응하기 위해 꼭 지켜야 할 3가지 수칙을 기억하자.

최근의 사례를 통해 접근하자

　최근 5년 이내의 사례를 예시로 들어 설명함으로써 조직적응력을 보여줄 수 있어야 한다. 과거 중고등학교의 학창시절을 통해 접근하는 순간 능동적인 태도보다는 수동적인 경험을 적게 되는 경우가 많아진다.

조직적응은 입사한 바로 그날부터 적용되어야 할 가장 첫 번째 스킬이 된다. 동료와 선배 그리고 고객까지 넓은 사람들을 만나야 하는 일이라면 더더욱 그렇다. 최근에 있었던 조직경험을 바탕으로 접근할 수 있도록 하자. 경험이 없다면? 어쩌지라고 좌절하기 전에 한 공기업의 자기소개서 질문을 기억하자.

● **질문 예시**
지금까지의 경험 중 2인 이상이 모여 공동 작업을 진행했던 경험에 대해 작성해 주시기 바랍니다. 또한 이 경험 속에서 지원자의 역할과 협력과정을 작성해 주시기 바랍니다.

100명 이상의 대단한 조직경험이 아니어도 좋으니, 누군가와 함께할 때의 적응, 협력이라는 자신의 역할을 보여주는 것이 중요하다고 이야기하고 있다.

본인의 역할을 분명히 하자

조직에 적응하기 위해서는 좋은 팀원도 있어야 한다. 하지만 본인의 능동적인 노력과 역할을 보여주지 않는다면, 좋은 사람으로만 기억될 것이다.

과거 구체적인 역할을 통해 팀 간의 관계를 얼마나 잘 만들어 갈 수 있었는지를 어필하도록 하자. 작은 마찰을 극복할 수 있었던 적극적인 태도도 좋다. 팀의 분위기를 파악하기 위한 노력도 좋다. 사람과의 신뢰를 쌓기 위해 보여준 모습도 좋다. 자신의 역할을 보여줌으로써 조직과 함께 하는데 있어 본인의 강점을 보여주는 노력이 필요하다.

역할이라는 부분은 '조직적응력'에 대한 부분만이 아니라 모든 경험을 작성하는데 있어 가장 중요한 부분이다. 특히 조직에 적응하는 역량을 어필하기 위해서는 조직에 대한 설명보다 스스로의 역량을 표현하는 데 소홀하지 않도록 해야 한다.

특이보다는 명확하게 접근하자

경험이 중요한 질문일수록 특이한 경험을 찾게 되는 경향이 있다. 하지만 경험은 자신의 조직적응방식에 대한 키워드가 중요한 것이지 경험 자체가 중요한 것이 아니라는 것을 늘 기억해야 한다.

조직에 적응하기 위해 무엇이 가장 중요한지를 생각하자. 적응을 위한 수많은 방법과 태도가 있겠지만, 그중 본인이 선택하는 방식은 무엇인지, 선택한 방법이 얼마나 유용한지를 보여줄 수 있어야 한다. 대단한 사례가 아니라 본인만의 색깔을 통해 관계를 맺어가는 방식을 보여주어야 한다. 조직이 달라도 스스로의 방식은 변하지 않기 때문에 명확한 본인의 색을 보여주는 것이 좋다. 예를 들면 '조직과 함께하는데 있어 소통이라는 것을 중요하게 생각합니다'라는 식의 방향을 주면서 본인이 얼마나 소통을 잘했는가를 보여줄 수만 있다면 결국 특별한 경험이 아니더라도 자신을 드러내는 데 어렵지 않다. 이런 접근이 안 되었을 경우 일단 '동아리', '인턴' 등 경험만 정해놓고 출발하기 때문에 자신의 '조직적응력'을 어필하기가 힘들어진다.

조직은 함께할 수 있어야 한다. 함께할 수 있는 역량은 다양하다. 다양한 역량 중 본인은 무엇을 가졌는지를 보여주고 실천 사례를 통해 하고 있는 이야기가 '진짜'라는 것을 보여줄 수 있어야 한다. 더 나아가 우리 회사에서 발생할 수 있는 상황에서 본인이 얼마나 잘 적응할 수 있는지까지 고민해보는 것도 좋다. 'A라는 고객과의 관계에서 B라는 상황이 발생했을 때 동료들과'라는 식의 구체적인 접근을 활용한다면 직무이해도까지 함께 어필할 수 있을 것이다.

자기소개서에서 놓치지 말아야 할 '조직적응력'에 대한 강점을 조금 더 주도적인 태도로 접근해보자.

기업은 실무인재를 원한다

나를 표현해야 하는 순간이 언제이든 본질은 '나'를 알아야 한다는 것이다. 글로써 나를 표현해야 하는 자기소개서에서는 많은 역량 중 실무역량을 알아야 한다. '착하기만 한 쓸모없는 인재'는 되지 않아야 하니까 말이다. 우리는 실무인재가 무엇인가에 대해 고민해볼 수 있어야 한다. '취업을 하고 싶은 사람', '인성이 바른 사람'이라는 것만으로는 실무형 인재가 될 수 없다. 이런 고민을 하지 않고 우리는 실무역량을 단편적으로 바라보게 된다. 저자는 '사람만 좋아하면 영업을 잘한다'라는 식으로 직무역량을 정리해버리는 구직자에게 '모든 직무에서는 사람과 함께하게 된다'라고 말해주고 싶다.

기업에서 보는 실무인재는 부담스러울 정도의 직무능력을 보는 것이 아니다. 특히 신입에게는 태도, 성향, 가능성 등을 바탕으로 본인의 역량을 판단하고 이를 통해 업무에 적용 가능한지를 가늠하게 된다. 그렇다면 일관된 본인의 '직무관심과 가능성'을 표현하기 위해 과거의 경험과 태도 및 노력을 어필해야만 한다. 하지만 실무라는 단어가 너무 다양하고 기업마다 상황 또한 다르다. 조금 더 디테일한 고민과 정보수집 노력을 통해 실무인재임을 어필해보도록 하자.

상황에 집중하자

실무를 보여주는데 있어서 본인의 역량도 중요하지만, 경력지원자가 아니라면 이해도가 더욱 중요하다. 업무상황, 사업상황, 고객상황, 시장상황을 얼마나 잘 이해하고 있는가를 보여줄 수 있도록 해야 한다.

예시로 이해해보자.

● **수정 전**

저는 사람들을 좋아합니다. 사람들의 이야기를 들어주는 것뿐만 아니라~(중략)~고민까지 해결해줄 수 있었습니다. 이런 경험이 영업을 하는데 도움이 될 것입니다.

이런 형태의 접근은 나의 경험을 영업에 맞추려고 한 것밖에 되지 않는다. 실무적으로 접근해보자.

● **수정 후**

사람과의 관계에서는 소통이 가장 중요합니다. ○○회사의 주요고객층인 50대를 공략하는데 있어서는 소통을 통해 그들의 고민들을 이해하고 반영하는 모습을 보이겠습니다.

저는 늘 친구들의 이야기를 귀담아들어 주었습니다……. ~(중략)~

실무형 인재는 실무를 경험할 수는 없더라도 실무를 이해하고 찾아볼 수는 있어야 한다. 회사의 문제점이 무엇이고 현재 안고 있는 가장 큰 고

민은 무엇인지 등을 통해 구직자가 해결할 수 있는 부분부터 건드려준다
면 실무에 조금 더 가까워진 모습을 어필할 수 있을 것이다.

반대로 이야기하면 본인이 가진 능력과 경력만으로 실무형 인재가 아
니라는 것을 생각할 수 있길 바란다. 이 모든 것을 가능하게 하려면 기업
의 상황을 분석하고 고민하는 노력을 놓치지 않아야 한다!

다양한 실무상황에 적용하는 방법

실무상황과 과거경험의 매칭

우리는 실무상황을 과거경험과 매칭시킬 수 없어서 늘 우울하다. '난
관련 경험이 없어!'라고 우울해 하지 마라. 만약 정확한 실무 관련 경험이
있다면 당신은 신입지원자가 아니다.

쉽게 활용하자. '고객사와의 관계를 유지하고 관리하는데 있어서 어려
움을 해결해야 한다'면, 과거경험은 '친구들과의 관계를 지속적으로 유지
하고 신뢰를 쌓을 수 있었던 경험'을 활용한다면 충분하다.

A라는 고객과의 스트레스는 빈번히 일어납니다. 이런 관계에서 저는 ○○이라는
태도를 잃지 않아야 한다고 판단했습니다. 지난해 5명의 팀원과 프로젝트를 하
며 ○○이라는 태도를 통해…….

관련 경력이 아니라 관련 상황에 대응할 수 있는 나의 모습을 찾는 것
이 중요하다는 것을 잊지 말자.

시장상황과 본인의 역량 매칭

회사뿐 아니라 업계의 트렌드에 맞는 역량을 보여주는 것도 중요하다.
업계가 글로벌한 인재를 요구한다면, 그에 맞는 키워드를 보여줄 수 있어
야 할 것이다. 시장상황은 구체적인 사업으로 접근하는 것이 쉽다.

현재 우리 업계가 관심을 가지고 투자해야 할 북유럽에서는 '수용성'이라는 역량
이 강조되고 있습니다. 저는 ○○의 아르바이트를 경험하며……．

위 예시와 같은 접근도 실무중심적인 접근을 할 수 있는 어렵지 않은
방법이다.

조직상황과 대인관계 매칭

우리 회사의 조직문화와 분위기를 활용하는 것도 좋은 방법이다. 조직
분위기를 구체적으로 고민하지 않은 채 '조직', '팀', '사회'와 같이 어떤 회사
든 활용될 수 있는 키워드를 활용하게 되면 어떤 회사도 합격할 수 없다.

우리 회사는 현재 A라는 팀문화를 만들어 가고 있습니다. A라는 문화는 B라는
긍정적인 효과를 줄 수 있을 것이라 믿습니다. 저는 A라는 팀문화의 중요성을 생
각하며 두 개의 조직을 이끌었습니다.

'조직에 부합하겠다'라는 너무 포괄적인 접근은 하지 말자. 차라리 회사
의 조직 분위기와 조직교육 내용을 공부한 후 위 예시와 같이 내용을 언급
해주는 것이 우리 회사만의 실무적 접근을 가능하게 할 수 있을 것이다.
글을 완성한 이후 반드시 스스로에게 질문을 던지도록 하자!

그래서? 어쩌라고?

이 질문에 대한 답변을 만들어 가다 보면 내가 왜 자기소개서를 작성하
고 있는지, 무엇을 잘할 수 있다는 것인지에 대한 답을 찾아갈 수 있을 것
이다. 결국 '나=실무'라는 연결고리를 고민하지 않은 채 나의 경험만을 채
우거나 기업의 정보만을 보여주다가 끝내는 실수는 하지 않게 된다.
위와 같이 다양한 스킬을 고민하면서 자기소개서를 조금 더 방향성 있

게 만들 수 있도록 해보자. 실무인재는 과거경험이 아니라 미래 가능성에서 찾아야 한다는 것을 잊지 말아야 한다.

공기업 NCS 자기소개서 핵심기술요령

NCS 기반의 능력중심채용이란?

NCS(국가직무능력표준, National Competency Standards)란 산업현장에서 직무를 수행하기 위해 요구되는 지식/기술/태도를 국가가 체계화하여 정리한 것이다. 따라서 NCS 기반 능력중심채용이란, 기업이 채용 예정인 직무에 대하여 직무내용과 요구되는 직무능력(공통역량인 직업기초능력과 지식, 기술, 태도)을 채용공고란에 명확하게 공지하고 이를 기준으로 인재를 채용하는 방식을 말한다. 이는 2015년부터 공기업을 중심으로 적용되어 점차 대기업, 중견기업까지 채용범위를 확대할 예정이다. 즉, 종전의 '인재상'이라는 모호한 선발기준을 벗어나 직무에 필요한 '역량평가'로 확실하게 전환하여 직무에 적합한 인재, 준비된 인재를 선발하겠다는 것이다.

이렇게 함으로써 입사지원자는 채용공고에 제시된 직무능력만을 준비하여 불필요한 스펙이나 잉여 스펙을 준비할 필요 없이 'Onspec'의 준비만으로 합격이 가능하다. 또한 기업은 직무에 적합한 인재를 선발함으로써 구성원의 직무만족도를 향상시켜 궁극적으로 개인 및 조직의 역량을 높이겠다는 목적으로 시행하고 있는 제도이다.

기존의 채용제도와 NCS 기반 능력중심채용은 어떻게 다른가?

구분	기존 채용	NCS 기반 능력중심채용
채용공고	• 채용인원 및 단순 기초 정보 제공	• 채용 분야별 직무내용 • 채용 전형절차 공개
서류전형	• 직무와 무관한 인적 사항 (가족사항, 학력, 취미, 특기 등) • 직무와 무관한 스펙 (해외봉사, 토익 등) • 자서전적인 자기소개서	• 직무와 무관한 인적사항 최소화 • 직무관련 스펙 기술 (직무관련 교육, 자격, 경험 및 경력 기술) • 직무관련 경험중심의 자기소개서
필기전형	• 인·적성 평가 • 단순 지식 측정의 필기시험 등	• 직무능력 측정 중심의 필기평가 (직무관련 문항 출제)
면접전형	• 비구조화 면접 (취미, 성장환경 등 직무와 무관한 일상적 질문)	• 직무능력 평가 중심의 구조화된 면접 (직무관련 질문)

2017년 공기업에 적용, NCS 기반 채용은 어떻게 준비하나?

NCS에 기반한 채용이라 하더라도 모든 공기업이 동일한 유형과 절차를 적용해서 채용을 실시하는 것은 아니다. 따라서 다음의 두 가지 지침에 기반해 본인이 지원한 기업의 채용유형을 면밀하게 검토해야 한다.

첫째, '채용공고'에서 제시되는 직무소개내용과 지원 자격 및 가산점 사항을 체크하고 자기소개서 문항을 확인해야 한다(☞ onspec.ncs.go.kr → 채용 정보 → 직무기술서). 최근에는 '한국사 능력'과 '어학점수'에서 가장 두드러진 변화가 보인다. 한국사는 역사의식 제고를 위해서 기획재정부의 공공기관 인사지침에 따라 가산점이 적용되어 왔으나, NCS 기반 채용에서는 별도의 가산점을 적용하지 않고 필기문항으로 출제하고 있다. 또한 어학점수는 기업과 지원한 직무에 따라 적용되거나 어학점수의 높낮 이를 조정하여 적용하고 있다.

둘째, 채용공고의 직무소개내용에서 지원자에게 요구되는 필요지식, 필요기술, 직무 수행 태도와 직업기초능력을 파악해야 한다. 왜냐하면 K(Knowledge), S(Skill), A(Attitude)라고도 불리는 필요지식, 필요기술, 직무 수행태도는 지원자들을 평가하는 기준으로 사용되기 때문이다. 그리고 직업기초능력은 의사소통능력, 문제해결능력 등 10가지 능력으로 구성되며 지원자를 평가하는 영역으로 활용되고 있다.

NCS에 기반 한 자기소개서의 핵심기술요령은 무엇인가?

기존의 자기소개서는 지원자의 성장과정, 성격의 장단점, 지원동기, 입사 후 포부 등 개괄적인 사항을 묻는 질문으로 구성되어 있는 경우가 많았다. 따라서 지원자가 자신의 직무능력을 제대로 기술하지 못하고, 인사담당자나 면접관은 지원자가 직무적합성을 갖추었는지를 평가하고 판단하는 데 어려움이 있었다. 하지만 NCS 기반 자기소개서 문항은 채용공고의 '직무 설명자료'에서 제시되는 직업기초능력과 직무 수행능력을 측정하기 위해 필요한 질문들로 구성되어 있다.

최근에 제시된 자기소개서 문항을 보면 다음과 같은 질문들로 지원자의 다양한 실무능력을 묻고 있다.

- 최근 5년 동안 귀하가 성취한 일 중에서 자랑할 만한 것은 무엇입니까? 그것을 성취하기 위해 어떤 일을 했습니까? (의사소통능력, 문제해결능력 등)
- 예상하지 못한 문제로 인해 계획대로 일이 진행되지 않았을 때, 책임감을 가지고 적극적으로 끝까지 업무를 수행하여 성공적으로 마무리한 경험이 있으면 서술해 주십시오.(문제해결능력 등)
- 현재 자신의 위치에 도달하기 위해 수행해 온 노력과 지원한 직무분야에서 성공을 위한 노력 및 계획을 기술해 주십시오.(자기개발능력, 자원관리능력 등)

• 약속과 원칙을 지켜 신뢰를 형성하고 유지했던 경험을 기술해 주세요.(직업윤리, 대인관계능력 등)

• 우리 회사의 핵심가치와 인재상을 본인의 인생관이나 가치관에 비추어 볼 때, 어떤 점이 부합하다고 생각하는지를 서술해 주시오.(조직이해능력, 직업윤리 등)

STAR기법이란?

Situation(스토리 상황)	과제를 수행할 당시 어떤 상황이었는가?
Task(과제와 역할)	어떤 과제였으며 본인은 어떤 역할을 맡았는가?
Action(구체적인 행동)	문제를 해결하기 위해 구체적으로 어떤 행동과 조치를 했는가?
Result(결과)	어떤 결과와 교훈을 얻었으며, 직무 수행하는 데 도움이 되겠는가?

위와 같은 문항이 주어졌을 때 구체성과 객관성 그리고 일관성을 유지하면서 여러분이 잘 알고 있는 STAR기법을 활용하여 작성해야 한다.

Q 소제목은 명언, 속담 등을 통해 관심을 끌라고 하는데 추상적이라는 생각이 듭니다. 어떻게 작성하는 것이 효과적일까요?

A 소제목은 내용을 함축적으로 보여주는 수단일 뿐입니다. 너무 지나치게 신경을 쓸 필요는 없습니다.

이렇게 생각하면 이해가 빠를 듯합니다. 우리가 책을 고를 때 내용을 모두 읽어보고 구입하기보다는 목차를 보고 어떤 내용으로 구성되었는지 살펴보듯이 인사담당자들도 소제목을 보고 어떤 내용을 담고 있는지 판단하려 합니다. 그렇기 때문에 추상적인 명언, 속담 등은 활용 내용의 모호함만 더할 수도 있습니다. 최근 들어 소제목은 직설적인 표현이 각광을 받고 있습니다.

'세상을 바꾸는 나', '실패는 성공의 어머니'처럼 추상적이고 모호한 제목보다는 '○○○프로젝트를 통한 마케팅 전략 수립', '매출액 2배로 만든 경청의 능력'이 매력적인 소제목이 될 것입니다.

Q 인문학 전공자의 입사지원서는 지원에서부터 걸러진다고 들었습니다. 자기소개서는 읽기는 할까요?

A 기업에서 인문학 전공자라고 무조건 필터링을 하지는 않습니다. 모집분야별로 요구전공이 있으므로 요구전공 해당자인지 검토가 먼저 이루어집니다. 영업 직무 같은 경우에는 전공불문의 회사가 많으므로 질문자가 자신의 전공이 해당되는 직무에 지원했느냐가 중요할 것입니다. 그리고 자기소개서 검토는 차별 없이 이루어집니다. 직무적합성 평가의 수단으로 자기소개서가 평가되므로 직무에 대한 이해를 기반으로 필요지식과 기술, 태도에 적합한 역량을 조화롭게 작성해야 합니다. 겁부터 먹지 말고, 먼저 직무에 대한 이해도를 높이기를 바랍니다.

Q 생산기술 또는 연구개발 직무 지원하려 합니다. 팀 프로젝트 경험이 많습니다. 인사담당자나 채용담당자가 프로젝트 내용을 전반적으로 이해하기 힘들 것 같은데 설명을 첨부해야 하나요?

A 서류 검토는 통상 1차 인사담당자, 2차 실무부서 채용담당자가 진행합니다. 따라서 팀 프로젝트 내용에 관련된 내용은 어느 정도 이해할 수 있습니다. 또한 채용 시 고려하는 부분은 어떤 프로젝트를 했느냐보다 그 프로젝트 안에서 지원자가 어떤 역량을 발휘했는가 하는 부분입니다. 지원자들이 너무 친절한 나머지 프로젝트의 배경을 아주 상세하게 기술하는 경향이 있습니다. 하지만 그런 설명은 친절한 것이 아니라 무모한 것입니다. 평가자가 읽고 싶어 하는 내용을 분명하게 드러내는 것이 우선입니다. 상황설명을 하려 분량을 소비하지 말고, 자신의 역할과 역량 발휘 부분에 집중하기를 바랍니다.

Q 자기소개서 질문을 보다 보면, 창의, 도전, 열정, 팀워크 등을 복합적으로 물어보는 질문이 있는데 이런 경우는 어떻게 접근하는 것이 좋을까요?

A 강조하고 싶은 포인트(키워드)의 선정이 우선입니다. 모든 제시어를 부각한다는 것은 내용이나 분량의 한계를 가질 수밖에 없습니다. 도전, 창의, 열정, 팀워크 중 본인이 강조하고 싶은 키워드 하나를 선정하여 작성하고, 나머지 항목들은 내용상에 포함되게 만드는 것이 효과적입니다. 키워드 하나에 하나의 사례를 제시하는 것은 비효율적입니다. 대표적인 사례에서 역량을 담을 수 있도록 만드는 것이 중요하다 할 것입니다. 그리고 글을 쓰면서 염두에 둬야 하는 것은 하나의 글에는 하나의 주제가 있어야 한다는 것입니다. 두세 가지 키워드를 모두 강조하다 보면 글의 주제가 흔들릴 수 있습니다. 서론에서 제시한 키워드가 마지막 결론에도

부각될 수 있도록 만들어주기 바랍니다.

Q 이색질문 중 '상황제시를 통해 해결방법을 제시하라'라는 질문이 있는데, 실무를 접해 보지 않은 지원자 입장에서 작성하기 어렵습니다. 어떻게 작성해야 할까요?

A 직무상황 또는 회사상황에서 마주하게 될 상황제시 질문을 말씀하시는 것 같습니다. 이런 질문은 직무 수행 프로세스와 회사생활 전반에 대한 이해를 묻기 위한 질문으로 이해하면 됩니다.

직무상황이라면 문제를 해결하는 프로세스와 사용기술과 지식의 활용으로 접근하면 좋은 답변이 될 것입니다. 그리고 회사생활 중 발생되는 문제라면 회사와 본인의 발전을 균형있게 작성하면 됩니다. 한쪽에 치우치지 않게 주의하면 됩니다.

Q 회사 지원이유에 대한 답변으로 솔직하게 '돈 벌고 싶어서'라고 작성하면 안 되나요? 실제로 그렇잖아요?

A '돈 벌고 싶어서'라고 작성하는 것은 '취업을 해야 하는 이유' 또는 '직업이 필요한 이유'에 적합한 답변은 될 수 있으나, 특정회사에 지원한 이유를 물어보는 질문의 답변으로는 부적합합니다. 왜냐하면 돈을 버는 것은 어느 회사에서나 가능한 것이며, 굳이 특정 회사에 들어가야 하는 이유는 아니기 때문입니다.

만약 서류를 통과하고 실전면접에서 자기소개서 내용을 토대로 검증을 하기 위해 '지원사유가 돈 벌고 싶어서라고 했는데, 돈 벌어서 무얼하겠습니까?'라고 추가 질문을 받는다면 어떻게 답변을 할 것입니까? '가족들과 행복하게 잘 먹고 잘 살기 위해서입니다' 라고 답변한다면 이 또한 부적절한 답변이 될 것입니다. 여기서 보듯이 질문의 의도에 어긋나는 답변을 하게 되면 면접은 이상한 방향으로 전개가 되고, 어렵게 만든 실전면접에서 좋은 점수를 받을 수 없게 되는 것입니다.

Q 취업 준비 과정에서 만난 취업강사님들과 학교 취업지원센터 컨설턴트분들이 늘 강조하는 것이 '차별화 포인트가 있어야 한다', '나만의 무기가 있어야 한다'라고 얘기하는데 정말로 제가 보유하고 있는 차별화 포인트가 무엇인지 모르겠습니다. 없는 것 같아요. 어떻게 해야 하나요?

A '차별화 포인트가 없다', '나만의 무기가 없다' 과연 그럴까요?

업무전문성 측면에서 보면 '고등학교 시절에 유독 좋아했던 과목이 하나도 없다', '대학교 시절에 가장 집중했던 전공과목이 없다', '내가 관심을 갖고 있던 분야의 책들을 읽어 본 적이 없다', '실험실에서 밤새워 가며 데이터를 분석했던 적도 없다', '취미로 좋아하던 한 장르의 음악을 접할 수 있는 외국의 특정 사이트를 지속적으로 이용한 적이 없다', 역량 측면에서 '물 공포를 없애기 위해 수상인명구조원 자격증 취득을 해 본 적이 있다', '축제를 홍보하기 위해 이 가게 저 가게 돌아다니며 스폰서 후원을 받아낸 적이 없다', '과 선후배와의 만남 시간 후 저녁식사를 마치고 후배들을 한 명씩 보내고 마지막으로 귀가한 적이 없다', '교수님이 들어오시기 전에 화이트보드를 깨끗하게 해 놓은 적이 한 번도 없다', '친구들 간의 싸움을 방관하지 않고 직접 개입하여 문제를 해결한 적이 한 번도 없다.'

예를 든 모든 것들은 전부 차별화 포인트가 될 수 있는 재료들입니다.

Q 제가 진정으로 하고 싶은 일은 마케팅이지만 이공계 전공자로서 우선 연구개발분야에 입사한 후, 근무를 하다가 마케팅으로 이동하고 싶습니다. 이러

한 경우에 입사 후 포부에 마케팅을 하고 싶다고 작성하는 것이 좋은지 문의드립니다.

직무 중심 채용에서 가장 중요하게 판단하는 기준은 '희망 직무에 대한 관심과 희망 직무를 수행하기 위해 준비한 것들이 무엇인가' 입니다. 정말로 하고 싶은 일이 마케팅이라면 마케팅을 지원하는 것이 바람직합니다. 그러나 현 시점에서 마케팅 직무를 수행하기 위해 준비된 것이 없으므로 보다 직무적합성이 높은 연구개발분야에 지원하겠다는 것으로 이해합니다. 그렇다면 머릿속에서 마케팅은 지우는 것이 현명합니다. 자기소개서에서 마케팅에 대한 얘기는 일체 언급하지 않아야 하며, 면접에 가서도 '마케팅에 관심 있나요? 마케팅 잘할 수 있을 것 같은데, 어때 한번 해볼래요?'라는 질문에 절대 흔들려서는 안 됩니다. 이것이 바로 직무 중심 채용입니다. 혹자는 '상황에 따라 순발력을 발휘하라'고 조언을 하는 경우도 있지만, 혼란스러울 필요 없습니다. 실전에서는 무조건 하나의 직무에 올인해야 합니다.

Q 4학년 1학기에 재학중인 취업준비생입니다. 이제 취업 준비를 본격적으로 시작하려고 하는데 내가 누구인지 잘 모르겠습니다. 내 성격과 가치관을 알아보기 위해서 어떻게 해야 하나요?

내가 누구인지 파악하기 어려울 때는 설문지를 만들어서 학과 동기 및 선후배, 동아리 선후배, 교수님들에게 설문조사를 하면 어느 정도 윤곽이 잡힙니다. 옆에서 함께 생활하고 지켜본 지인들이 더욱 더 정확한 판단을 해주는 경우가 많기 때문이죠. 또한 워크넷 등 취업 관련 사이트에 가면 성격유형검사를 받을 수 있습니다. 앞에서 얘기한 2가지 결과를 토대로 본인이 가장 중요하게 생각하는 기준, 삶의 잣대, 내가 좋아하는 것, 싫어하는 것, 습관 등을 정리하면 자기분석의 일차적인 작업은 완료됩니다.

Q 어렸을 때 부모님이 이혼을 해서 어머니와 단둘이 살았습니다. 자기소개서에 이러한 내용을 작성하면 감점요인으로 적용되지 않는지 궁금합니다.

A 사회가 복잡해지면서 이혼 가정은 지속적으로 증가하는 추세입니다. 부모님의 이혼 그 자체는 본인의 잘못이 아니므로 굳이 숨길 필요는 없지만, 그렇다고 내세울 만한 내용도 아닙니다. 다만, 성장과정에서 겪은 아픔과 어려움을 슬기롭게 극복하고 본인을 더욱 더 단단하게 해주었던 경험과 생각을 솔직담백하게 작성하면 자기소개서를 읽는 담당자들도 충분히 이해할 수 있을 거라고 판단합니다.

Q 긴 글자 수의 자기소개서보다 짧은 자기소개서가 더 작성하기 힘듭니다. 이땐 경험을 어떻게 넣어야 하나요?

A 실제로 작성하다 보면 긴 자기소개서보다는 짧은 자기소개서가 훨씬 더 힘듭니다. 글자 수에 맞춰 경험을 넣다 보니 말이 안 되는 경우도 있고, 어떤 경험인지조차 이해가 안 되는 글을 보게 되기도 합니다. 짧은 자기소개서에 경험은 '어떻게'라는 고민보다는 '안 쓸 수는 없을까?'라는 고민을 해야 합니다. 경험 자체를 버리자는 것은 아닙니다. 추가적인 경험과 상황설명에 집중하다가 아무 것도 보여주지 못하는 우를 범하지 말자는 이야기입니다. 구체적인 설명은 면접에서 하더라도 '경험위주'가 아닌 '결과위주'로 글을 써야 합니다. 짧은 글자 수로 경험을 묻는다면, 경험명-기간-인원-역할명-성과를 단답형으로 연습장에 작성해놓고 팩트 위주로 자기소개서에 옮겨보면 글자 수에 대한 조절이 조금 더 수월해질 수 있을 것입니다.

Q 저는 소극적인 사람입니다. 조직적응력을 보여줄 수 있는 경험이나 강점이 없는데 어떻게 하나요?

A 소극적인 사람이 적응하는 데는 시간이 많이 걸립니다. 소극적이라는 것이 적응을 못한다는 것은 아닙니다. 자신의 주변 사람들과 어떻게 친해졌고 어떤 관계를 맺고 있는지를 생각할 수 있길 바랍니다. '넓은 관계를 맺을 수 있는 사람인가?'라는 질문이 아니라 '어떻게 관계를 맺을 수 있는 사람인가?'라는 질문을 하고 있습니다. 자신의 적응 방식을 설명하기 위해 노력할 수 있어야 합니다. 경험이 없다면 어떻게 할까요? 소수의 주변 사람들과 적응하고 함께 무언가를 도모할 수 있었던 경험만으로도 충분합니다. 대단한 경험에 집중하지 마십시오.

사람과의 관계에서 어떤 방식을 존중하는지, 적응에서 가장 중요하게 생각하는 키워드는 무엇인지를 고민하면서 나의 적응 방식과 가능성을 어필하면 됩니다.

Q 너무 사소한 경험인데 실무경험에 적합하다고 써도 괜찮은 걸까요?

A 결론부터 말하면 '괜찮습니다!'

전국 1등과 전교 1등은 엄연히 다릅니다. 그렇다고 그 노력방식이 무조건 다르다고 할 수는 없습니다. 본인의 역량이 다를 수 있고, 지능지수가 다를 수도 있겠지만 공부를 하는 열정과 노력 그리고 방식에 대해서는 남들보다 더 나을 수 있다는 것입니다. 본인만의 방식으로 공부를 해도 영어는 만점인데 수학은 30점일 수밖에 없다면 본인의 방식으로 영어를 공부하는 것이 좋습니다.

채용담당자가 선발하고자 하는 직무가 영업이라면 또는 연구직이라면 어떤 방식을 선호하고 있을까에 대한 고민을 해볼 수 있어야 합니다. 결국 사소한 경험보다 직무에 가장 잘 맞는 방식과 사고를 가진 구직자에게 가능성 점수를 높게 부여할 수 있을 것입니다. 어떤 서류와 면접에서도 절대적인 경험의 규모를 고민하지 맙시다. 끊임없이 직무를 고민하고 적합성을 고민하는 현명함을 발휘하길 바랍니다.

실전 면접 준비와 유형별 면접상황 대응법

면접 대기실에서의 주의사항

면접 대기실에선 마음의 준비를

기업의 규모에 따라 다르겠지만, 면접 대기실은 지원자의 입장에서 보면 분명 곤혹스런 장소임에는 틀림없다. 준비한 자료를 꺼내서 노골적으로 들여다보고 있자니 뭔가 준비 안 된 모습으로 보일 것 같고, 그렇다고 가만히 있자니 뭔가 성의가 없는 사람으로 보일 수 있을지 모른다는 부담감이 있기 때문이다. 그래서 때로는 두 눈을 감고 명상을 하거나, 그러다가 순간적으로 졸기도 하고, 옆 사람과 썰렁한 대화를 나누거나, 긴장되는 마음에 계속 화장실을 들락거리기도 한다. 지원자 중에는 면접 진행요원이 핸드폰을 회수하지 않는 경우에는 검색이나 SNS에 몰두하거나 심지어 게임을 하는 사람도 있다. 당연히 모두 잘못된 행동이다. 그럼, 어떤 태도가 면접 대기실에서 보여줘야 할 올바른 모습일까?

어지간한 규모의 기업이라면 본격적인 면접장에 들어가기에 앞서 반드시 면접 대기실이라는 장소를 거치게 된다. 다음 차례를 기다리는 사람의 입장에서는 긴장과 불안이 증폭되는 공간이겠지만, 반대로 생각해

보면 본격적인 전투에 앞서 완충장치의 효과를 가장 톡톡하게 볼 수 있는 장소이기도 한 것이다. 뭔가를 바로 시작하기에 앞서 마음의 준비를 할 수 있다는 것은 분명히 유리한 것이기 때문이다.

일정 규모를 가진 기업의 면접 대기실에서 일반적으로 일어나는 일들은 다음과 같다. 먼저, 면접 진행요원들이 면접 진행절차와 소요시간을 비롯하여 면접장 유의사항, 그리고 식당이나 화장실 위치 등을 알려주는 오리엔테이션으로 시작한다. 이 단계가 끝나고 나면 면접 진행에 대해 궁금한 사항을 질의응답 받고, 면접장에 함께 들어갈 조원들을 구성하게 된다. 그리고 첫 번째 조와 두 번째 조가 각각 면접장으로 이동하면 그때부터 본격적인 '대기시간'이 시작되는 것이다.

이 대기시간 역시 기업마다 천차만별의 모습을 보이고 있다. 가장 짧게는 5분도 채 안 되는 시간이 있는가 하면, 어떤 사람은 3시간 넘게 기다렸다는 후기도 있으니까 말이다. 자신이 앞으로 만나게 될 대기시간이 얼마가 될지는 막상 면접장에 가봐야 알 것이지만, 정말 중요한 것은 나에게 주어진 이 '금쪽 같은' 시간을 어떻게 활용할 것인가의 문제이다.

명상에 잠기지 말자

사람의 행동은 움직임이 있을 때 평가된다. 즉, 아무것도 하지 않는 부작위보다는 뭔가 스스로 움직임을 만드는 작위의 행동이 더욱 더 능동적인 사람으로 평가받는 기준이 되는 것이다. 만일, 면접 진행요원들의 노골적인 제지가 없는 상황이라면, 자신이 면접 전 미리 볼 수 있는 자료가 정리된 A4용지를 집중해서 보는 모습은 매우 좋다. 이와 같은 모습은 사실 채용담당자들 역시 가장 선호하는 지원자의 모습이기도 하다. 단, 이와 같은 자료가 무조건 많을수록 좋은 것은 아니다. 그동안의 준비과정 '전부'가 아닌, 꼭 기억해야 할 것들이 요약된 '파이널' 자료로서의 성격이 더 강하기 때문이다. 가끔씩, 많은 분량의 자료를 가지고 와서 이것저것

정신없이 뒤적이는 지원자들을 목격하게 된다. 이런 모습이라면 오히려 준비가 덜 된 지원자로 보여질 수 있으므로 조심해야 한다.

기업의 매출액이나 공장 소재지 또는 그 기업의 특정제품 명칭 등은 지원자가 꼭 알고 면접장에 들어가야 하는 사항이지만, 특정 숫자와 고유명사의 특성상 한 번만 보고 즉시 암기가 힘든 부분이다. 바로 이와 같은 자료들을 적절하게 요약하여 면접 직전에 볼 수 있다면 그 자체로 큰 자신감의 원천이 된다.

무표정하게 있지 말자

어떤 일을 시작하기에 앞서 그 일을 하고 싶은 사람과 하고 싶지 않은 사람을 구별하는 방법은 의외로 간단하다. 사람들의 표정을 살피는 것이다. 면접 대기장을 나가 이제 곧 만나게 되는 면접관에게 보여지는 지원자의 첫 표정은 어때야 할까? 엄청나게 환하게 웃고 있는 모습은 아니더라도, 이왕이면 밝은 표정으로 보여야 함은 틀림없는 일일 것이다. 이와 같은 표정은 조금 전까지의 무표정에서 갑자기 바뀔 수 있는 표정이 결코 아니다.

대기실에서 기다리는 동안 입안에 가득 바람을 넣고 이리저리 움직여보며, 경직된 얼굴의 근육들을 이완시키는 일을 해야 한다. 입꼬리를 크게 올리고 사람 좋은 표정으로 미소도 지어봐야 한다. 그리고 만일 시간이 허락된다면 화장실에 가서 "안녕하십니까? 남민주입니다"라고 크게 발성도 해봐야 한다. 면접 대기실은 이와 같은 몸풀기가 가능한 곳이다.

옆 사람과 대화를 나누지 말자

면접은 분명 사람이 하는 것이다. 면접관도 사람이고 진행요원들도 사람이며, 나아가 대기실에서 만나게 되는 경쟁자이자 그 누군가도 사람이다. 당연히 소통과 대화의 상황이 있을 수 있다. 옆 사람이 말을 거는데 이를 무시하라는 것이 아니다. 자신이 주도하여 가만히 있는 옆 사람들을 끌어들여 적극적인 대화를 주도하는 주체는 되지 말라는 것이다. 대화를 나누다 보면 자연스레 웃음이 생기고, 목소리가 커지며, 자신이 늘 사용하는 비속어도 나오게 된다. 면접 진행요원들의 입장에서 보면 이와 같은 모습은 굉장히 산만한 모습으로 보일 수 있다.

면접장에 대기하는 여러분이 대화를 나눠야 할 사람은 따로 있다. 바로 면접을 마치고 돌아온 사람들이다. 진행요원들의 특별한 제지가 없다는 전제 하에, 이들에게 면접장의 상황을 물어보는 것은 고도의 전략적인 행동이다. 이런 경우에는 "면접관이 뭘 물어보던가요?"라고 포괄적으로 물어보는 것보다는, "직무에 대해서 많이 물어봐요?", "자기소개 시켰어요?" 등 자신이 궁금한 면접의 포인트를 핵심적으로 물어보는 스킬이 필요하다.

면접관이 바라보는
첫인상의 비밀

첫인상이 중요하다

결론부터 말하자면 첫인상은 존재한다.

기업인사담당자들은 '면접 시 첫인상을 고려하는가?'라는 질문에 86% 가 '그렇다'고 답할 만큼 면접에서의 첫인상은 매우 중요한 평가요소라고 할 수 있다. 첫인상이 부정적으로 각인되었다면 하루에 한 시간씩 60번을 만나서 노력해야 회복된다는데 60시간을 할애할 면접관이 있을까? 소개 팅을 할 때 첫인상이 맘에 들면 애프터를 하게 되지만 그 반대라면 자리 에서 빨리 일어나고 싶었던 기억이 있지 않은가? 지원자와 면접관의 만남 도 다르지 않다.

대부분의 취업준비생들은 입사지원 서류에 필요한 스펙 준비에는 많 은 시간, 비용, 노력을 투자하지만 그에 비하면 면접에서 요구되는 좋은 첫인상을 만드는 부분은 상대적으로 부족한 것 같다. 객관적인 결과물인 스펙보다 주관적인 첫인상은 어디서부터 어디까지 무엇을 어떻게 준비 해야 하는지……. 이렇듯 정답이 없다 보니 필요 스펙에 성형도 불사하는 상황이 씁쓸하고 안타깝다. 면접은 회사에서 일 잘하는 인재를 채용하는 과정이지 예쁘고 잘생긴 사람을 뽑는 것이 아니므로 불필요한 곳에 에너지를 낭비하지 않았으면 한다.

활기찬 젊은이의 미소가 경쟁력이다. 그렇지만 호감 가는 첫인상은 하루아침에 만들어지는 것이 아니다. 평소에 밝게 웃는 습관과 좋은 생각을 생활화 한다면 면접에서 원하는 결과를 얻게 될 것이다. 당신이 어떤 인성과 역량을 갖춘 인재인지는 행동과 태도가 보여진 후에 비로소 평가된다는 것을 기억해야 한다. 첫인상에서 실패하면 다음이란 없다. 왜냐고? 보이는 것이 곧 진실이 되니까. 철저한 준비로 첫인상을 준비하자!

면접관은 말의 내용보다 몸짓을 주시한다

면접관들은 지원자가 들어서는 순간부터 용모, 자세, 목소리, 태도, 면접에 임하는 표정과 인상 등 총체적 모습을 보고 호감도를 결정한다. 예를 들면, 답변 시에 목소리가 갈라지거나 탁하면 불안정하다, 기가 세다고 생각하고 말이 빠르거나 더듬게 되면 초조하고 성급하다고 느낀다. 다른 사람이 말할 때 끼어들거나 딴짓을 하면 자기중심적이고 협조와 배려심이 부족한 사람으로, 눈을 감고 말하면 진실하지 못한 사람으로 평가하게 된다. 그러므로 답변할 때는 평소보다 약간 큰소리로 또박또박, 천천히 면접관에게 시선을 두고 밝은 표정으로 답변하도록 한다. 걸을 때 시선이 아래를 향하면 어깨와 등이 구부정하게 되는데, 이런 자세는 소극적이고 자신감이 없어 보여서 사회성 부족으로 평가된다. 때문에 걷는 자세는 허리를 펴고 시선은 정면을 보면서 당당하게 걸어야 한다.

서 있을 때 어깨를 움츠리면 소극적이고 자신감 부족으로, 삐딱하게 서 있는 모습은 건방지고 불만이 많은 사람으로 보여지므로, 허리를 곧추 세우고 시선은 정면을 보며 바른 자세를 유지하기로 한다. 앉아 있을 때 구부정하게 웅크린 모습은 불안하게 보여 확고한 신념이 없다고 생각하게 된다. 또한 손발을 꼬거나, 떠는 등 빈번한 움직임은 참을성 없는 신경질적인 사람이나 불안정하고 자신감 부족한 사람으로 보게 된다. 이러한 오해를 받지 않으려면 앉을 때도 걷는 자세나 선 자세와 마찬가지로 허리를 반듯하게 하고, 의자에 엉덩이는 붙이되 허리는 의자에 기대지 않고 손발은 단정하게 둔다.

면접에서 첫인상은 입실할 때, 마지막 인상은 퇴실할 때 결정이 된다고 해도 과언이 아니다. 면접장에 들어오면서 두리번거리는 모습은 불안정하고 소심하며, 믿음이 안 가는 사람 등으로 보이게 된다. 먼저 나가려고 서두르다 의자나 문을 차거나 부딪치는 행동은 조심성, 침착성, 자신감 등이 결여된 조급하고 소심한 사람으로 평가된다. 또한 인사를 하지 않고 나가는 것은 인성이 결여된 예의 없는 사람이라고 생각한다. 지원자들은 평소에 생활 속에서 문제적인 습관을 주변 사람에게 피드백을 받아 세심하게 준비하도록 하자.

면접관에게 찍히는 사람 VS 찜 되는 사람

태도나 겉모습이 왜 중요할까? 지원자의 태도나 외모로 판단되는 긍정적인 면과 부정적인 면이 어떤 것인지 알아보자.

회사에서 원하는 사람은 첫째, 가치관, 직업관, 인생관이 명확하다, 둘째, 협조성과 배려심이 있다, 셋째, 진취적이고 창의성이 있다, 넷째, 성실하고 예의가 바르다, 다섯째, 단점을 개선하려고 노력한다, 여섯째, 자신의 능력을 과시하지 않고 겸손하다, 일곱째, 질문의도를 파악하고 답변한다, 여덟째, 논리 정연하고 융통성이 있다, 아홉째, 위기상황에 순발력 있게 대처한다, 열째, 첫인상이 좋고 표정이 밝다 등 열 가지 정도이다.

회사에서 기피하는 사람은 첫째, 수동적이고 창의성이 없다, 둘째, 자기중심적이고 감정조절이 안 된다, 셋째, 소극적이고 열정과 패기가 없다, 넷째, 지원동기가 명확하지 않다, 다섯째, 무표정하고 우울해 보인다, 여섯째, 용모나 복장이 단정하지 않다, 일곱째, 외견상 건강이 우려된다, 여 덟째, 태도나 말투가 건방지다, 아홉째, 유행어, 비속어, 외래어 등을 남발 한다, 열째, 질문에 횡설수설하고 일관성이 없다 등 열 가지 정도이다.

이렇듯 회사는 지원자가 어떤 사람인지, 나중에 회사에 피해나 문제를 일으킬만한 여지가 있는 건지, 그로 인해 발생될 수 있는 위험요인을 최 소화 하려는 자구책으로 지원자의 보이지 않는 이면을 다양한 방법으로 보려고 한다. 그중 태도나 겉모습 같은 비언어적인 요소는 지원자의 많은 것을 알게 된다. 평소에 체득화 된 것과 짧은 시간 준비한 것은 면접관의 매와 같은 시선을 벗어날 수 없으니, 지금부터라도 올바른 습관이 몸에 배이도록 노력하자.

면접 스타일은 첫인상의 시작이다

회사는 지원자의 문제점이나 실수를 알려주지 않는다. 그래서 탈락한 이 유도 모른 채 자신도 알지 못하는 실수를 거듭하게 된다. 면접 스타일도 역 시 탈락하는 이유 중 하나이기 때문에 기본적인 스타일과 탈락하는 스타일 은 무엇인지 알아야 외모로 인해 탈락되는 안타까운 일이 없을 것이다.

첫째, 무난한 기본 스타일에는 단정하고 디자인이 심플한 의상으로 정 장 or 캐주얼 정장 중 지원사의 드레스 코드나 지원직무에 부합한 것으로 착용하면 된다. 밝고 깨끗한 얼굴에 이마와 귀가 보이는 헤어스타일 그 리고 크기는 작고 종류는 적은 액세서리를 착용하면 된다. 이때 머리부터 구두까지 청결 유지에 유념해야 한다.

둘째, 탈락하는 스타일로 성의 없는 옷차림과 지나친 노출 의상에 과하 게 염색된 헤어와 비정장 차림일 경우 위험하다. 진한 메이크업과 청결하 지 않은 모습과 최신 유행에 충실하고 과한 소품이나 액세서리를 착용한 것도 부적절한 면접 스타일이다. 둘째 항목에 나열된 것들은 절대 하지 말아야 한다.

면접에 정답은 없지만 오답은 있다

면접 스타일을 어떻게 해야 하는지 막연하다고 생각하는 취업준비생들이 많다. 간혹, 친구들에게 잘못된 정보를 공유하는 경우가 있는데, 취업전문가 또는 지원사에 드레스 코드를 문의하는 적극성이 필요하다.

'스타일이 경쟁력'이라고 한다. 옷을 잘 입어 성공했다고 단정할 수는 없지만 옷을 잘못 입어 자신의 가치가 평가절하 될 수는 있다는 것이다. 개인마다 체형이 다르기 때문에 자신에게 잘 어울리면서 자신이 보여주고 싶은 이미지를 고려한 자신만의 스타일을 연출하고 싶다면, 위에 정리된 불량 예시를 하나씩 제거하면 채용하고 싶은 가장 좋은 인상의 지원자가 될 것이다.

면접장 입장에서
퇴장까지의 기본 매너

면접이 최종합격에서 차지하는 비율은 80%

취업에서 면접은 얼마만큼의 영향을 끼치는 것일까? 일반적으로 최종합격 비율이 면접 80%, 학력 또는 스펙 20%를 차지한다고 한다. 면접관들은 지원자가 들어서는 순간부터 자세와 목소리, 태도, 표정, 인상 등을 총체적으로 보고 '척! 보면 안다'고 생각하기 때문에 면접장에서 지원자들의 모든 행동을 주시하고 체크하게 된다. 인성을 겸비한 융합형인재가 기업이 선호하는 현실에서 인성이 매우 중요한 평가요인이 된다. 특히, 인성면접에서 인성이라는 것이 객관적으로 평가할 수 없어 그 막연함에 지원자들의 고민이 많을 것이다. 신입사원이 갖춰야 할 자질의 첫 번째는 성실함과 겸손한 자세인 만큼 그 사람의 행동으로 인성이 평가되므로 결코 소홀하지 말라는 뜻이다.

면접장 동선에 따른 대응방법

그럼 지금부터 면접장 동선에 따라 디테일하게 태도와 자세를 알아보도록 한다.

지원사 도착 ➡ 면접대기실 ➡ 입실 ➡ 인사 ➡ 면접관 앞 ➡ 인사 ➡ 착석 ➡ 질의응답 ➡ 입석 ➡ 인사 ➡ 퇴실 전 문 앞에서 인사 ➡ 퇴실

지원사 도착

지각하는 사람을 채용하는 회사는 없다는 것을 명심하고 늦어도 면접 시작 30분 전에 도착하도록 한다. 회사에 도착하면 면접의 시작이니 입구에서부터 마주치는 분들과 가볍게 눈인사 정도는 잊지 말자. 면접장에서 만났던 밝은 표정의 인사 잘하는 지원자라면 호감 가는 지원자로 기억하지 않겠는가. 입구에서 면접 대기실에 오면서 회사 내 게시된 캠페인이나 사내 활동 안내 등을 눈여겨 봐두면 회사에 대한 질문에 도움이 된다.

면접 대기실

지원자들이 무의식 중 실수하는 곳이 대기실이다. 회사 내부는 지원자를 평가하는 눈이 널려 있으니 행동을 조심하고 대기실 관리자의 지시에 잘 따르도록 한다. 면접 전이라고 회사 내부를 돌아다니거나 기웃거리다가는 진중하지 못한 가벼운 사람으로 보일 수 있다. 대신 준비해 온 입사지원서를 검토하거나 기업 홍보 및 사보 등을 읽어보는 시간으로 활용하면 회사와 직무에 충분한 이해와 관심이 있다는 무언의 표현이 된다. 그리고 대기실 관리자는 대부분 인사팀 소속인 경우가 많으니 알짜정보를 얻을 수도 있다. 정중히 질문해보자. 단, 복리후생이나 연봉조건에 관한 질문은 삼가는 것이 좋겠다. 대기 중에 다리를 꼬거나 삐딱한 자세는 예

의 없게 보이니, 바른 자세로 앉는다. 면접장에서 누구라도 긴장할 수밖에 없는 상황이다. 이럴 때는 같은 조원과 가벼운 인사와 스몰토크가 긴장을 푸는 데 도움이 될 것이다. 단, 큰소리나 수다, 전화로 중계하는 등의 행동은 자제해야 한다. 마지막으로 면접 순서가 가까워지면 머리나 옷매무새를 점검한다. 용모단정한 지원자는 면접관과 대면에서 좋은 인상을 주게 되기 때문이다.

입실

드디어 면접관과 첫 만남의 문이 열린다. 자신의 이름이 호명되면 '네' 하고 대답하고 문이 닫혀 있을 시 노크하고 '들어오라'는 지시에 문을 열고 입실한다. 입구에서 목례를 한 후 문을 닫는다. 만약, 조별로 입실할 때는 첫 번째 지원자가 노크한 후 문 열고 들어가면 마지막 지원자가 문을 닫으면 된다.

인사

인사는 자신의 이미지를 높이는 핵심키워드라고 할 만큼 매우 중요하다. 그러므로 올바른 인사법을 체득해야 함을 여러 번 강조하게 된다. 남자와 여자의 인사법을 자세히 알아보자. 여자 지원자의 손은 공수자세, 발은 왼발 오목한 부분에 오른발 뒤꿈치를 붙인다. 시계로 보면 좌측 10시/우측 5분 방향, 만약 반대로 바뀌면 우측 2시/좌측 55분 방향이 된다. 남자 지원자의 자세로는 주먹을 가볍게 쥐고 바지 재봉선 옆에 두고 양발의 뒤꿈치를 붙여 발의 앞부분을 45도 정도 펴고 선다.

지금부터는 남, 여 모두 해당되는 부분으로, 인사할 때 보통 아랫배에 힘을 주라고 알려주는데 상체가 긴장되어 부자연스럽다. 그러나 힙에 힘을 주면 엄지발가락부터 장딴지와 허리, 등, 머리까지 쭉 펴지게 되면서 허리가 곧추서게 되고 상체의 움직임이 원활해져 보다 반듯한 자세를 유지할 수 있다. 시선은 정면을 보고 힙에 힘을 준 상태에서 그대로 힙을 뒤로 밀어주면서 상체를 굽힌다. 그러면 머리가 들어 올리거나 고개가 떨어지지 않는다. 물론 등도 굽지 않아 머리와 등이 사선 형태가 유지되어 보기 좋은 자세가 된다. 이때, 상체가 내려갈 때보다 천천히 올라오는 것이 정중하게 보인다.

면접관에게 인사할 때 의자 앞에 서서 "안녕하십니까?" 하고 공손하게 정중례를 하고 여러 사람일 경우에는 조장의 구령에 따라 인사하면 된다. 여기서 주의할 점은 서 있을 때 반걸음 정도 의자에 떨어져 서는 것이 좋다. 그렇지 않으면 인사할 때 의자에 부딪치게 되어 조심성 없는 사람으로 비춰지기 때문이다.

면접관 앞 대기

면접관에게 인사를 한 후 또박또박 이름과 수험번호를 말하고 면접관이 앉으라고 할 때까지 앉지 말고, 앉으라는 지시가 있을 때 자리하도록 한다. 이때 밝은 표정은 기본이다.

착석

의자에 앉을 때는 반걸음 뒤를 확인하고 조용히 자리한다.

여자 지원자는 허리를 세우고 무릎과 발을 붙이고 양발을 앞으로 약간 내미는 자세로 하고 양손은 공수자세로 스커트 위에 살짝 올려놓고 시선은 면접관을 향한다.

남자 지원자는 앉기 전에 먼저, 정장 상의 맨 아래 단추를 푼다. 그 다음 허리를 세우고 무릎과 양발을 어깨 폭만큼 넓힌 다음 양발을 구두코가 보일 때까지 앞으로 빼면 가장 안정적인 자세를 만들 수 있다. 양손은 무릎 위 $2/3$ 위치에 주먹을 가볍게 쥔 상태로 올려놓고 시선은 면접관을 향한다.

입석

면접관의 "수고하셨습니다"의 멘트로 면접이 끝나면 일어서서 의자 반 걸음 앞으로 이동한다.

이때, 남자 지원자는 풀었던 상의 단추를 잠근다. 조장의 구령에 따라 면접관을 향해 "감사합니다" 하고 정중례를 한 후 의자에 부딪치지 않게 조심해서 퇴실한다.

퇴실

입실 때의 첫인상도 중요하지만 사람은 떠나는 뒷모습이 아름다워야 한다. 퇴실은 지금까지의 면접과정에 마침표를 찍는 것이므로 입실 때처럼 가벼운 목례를 하고 조용히 밖으로 나온다. 나오자마자 긴장이 풀어져 큰소리나 비속어로 말하는 지원자들도 있다. '면접 시작은 회사 입구부터 면접의 끝은 회사 문을 나설 때까지이다'를 꼭! 기억해야 한다.

● 긴장 풀기 TIP

- 조원들과 미리 인사를 연습하면서 스트레칭으로 몸 근육을 이완시킨다.
- 숨을 깊게 들이 마신다- 5초 멈춤- 입으로 천천히 내쉰다- 복식호흡 5회 정도
- 허리를 펴고 양손을 허리에 댄다. 머리 뒤로 깍지를 끼고 가슴과 등을 편다.
- 커피나 녹차는 입을 마르게 한다. 대신 물을 마시고 사탕 같은 당분을 섭취한다.
- 약지 손가락을 1분 정도 누르고 잡았다 놓는 자극을 반복한다.

면접장 동선에 따라 시뮬레이션 해보면 됩니다. 혹시, 이미지가 그려지지 않나요?

다음 사진을 참조하세요!

● 선 자세

● 인사 자세

● 정면 앉은 자세

● 측면 앉은 자세

 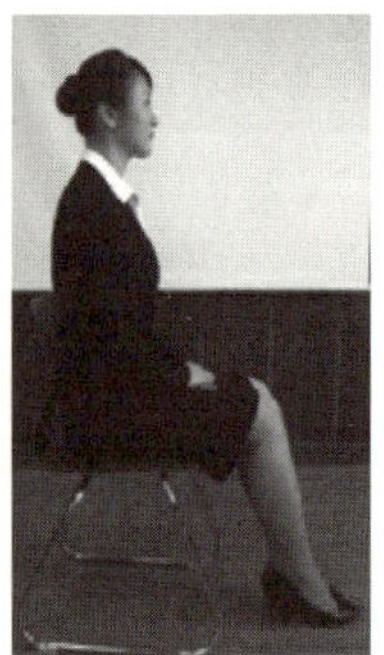

면접 울렁증,
어떻게 해결해야 하는가?

왜, 면접장에만 들어서면 울렁증이 재발할까?

면접장에만 들어서면 긴장되고 손바닥에 땀이 나는 지원자들이 있다. 학점, 자격증, 어학성적에 이르기까지 남에게 뒤지지 않는 스펙을 준비하고 수많은 밤을 지새우며 스토리를 담은 자기소개서를 작성해서 수십에서 수백 대 일의 경쟁률을 뚫고 서류전형을 통과했다. 하지만 면접일을 며칠 앞둔 지금, 면접 울렁증으로 인해 걱정이 태산이다. 나도 모르게 입술이 바짝바짝 마르고 식욕도 현저하게 떨어졌다. 이를 이겨내고 취업에 성공해야 하는데 매번 면접에서 떨어지다 보니 자신이 창피해서 누구를 붙잡고 하소연하거나 상의할 사람도 없다.

저자의 주위에도 작년 서울에 소재한 중상위권에 속하는 대학의 기계공학을 전공하고 졸업한 지인이 있다. 공부도 꽤나 잘하고 전공 관련자격증도 취득해서 쉽게 취업하리라 생각했지만, 면접관 앞에만 서면 얼굴이 붉어지고 목소리가 떨리면서 머릿속이 하얗게 된다는 것이다. 몇 번의 면접에서 불합격의 고배를 마시고 아직도 취업을 준비하고 있다. 그 지인 역시 심리치료를 받고 스피치 학원을 다녔지만 그다지 효과를 보지는 못하고 있다. 물론 이러한 치료가 대다수 사람들에게 어느 정도 효과가 있다고 하지만, 특정인들에게는 그다지 치료효과를 보지 못하는 경우도 있다고 한다.

면접 울렁증, 나에게만 오는 불청객인가?

온라인 취업포탈 〈사람인〉에서 면접을 경험한 구직자 586명을 대상으로 면접장에서 겪은 '면접 울렁증 경험 여부'를 조사한 결과, 73%가 면접 울렁증을 경험했다고 한다.

이러한 울렁증 현상을 세부적으로 살펴보면 '말을 더듬는다'(56.7%, 복수응답)가 가장 많았다. 다음으로는 '아무 생각이 나지 않는다'(50.9%), '시선 처리가 불안하다'(39.5%), '목소리가 작아지고 떨린다'(33.3%), '얼굴이 붉어지고 경직된다'(28.4%), '심장소리가 들릴 만큼 쿵쾅거리며 뛴다'(18.4%), '손이나 다리 등 신체의 일부가 떨리고 식은땀이 난다'(17.4%), 기타 '머릿속이 하얗게 된다' 등으로 나타났다. 그리고 면접 울렁증을 겪는 순간 구직자들은 '스스로의 무능함에 화가 난다'(27.7%)고 답했다. 다음으로 '앞으로 더 열심히 준비해야겠다고 결심했다'(24.7%), '다음을 위해 잊으려고 노력했다'(15.1%), '포기하고, 그 자리를 피하고 싶었다'(11.4%), '침착함을 잃지 말고 최선의 노력을 다하자고 마음먹었다'(8.6%), '아무 생각이 나지 않았다'(6.3%), '무조건 숨고 싶을 만큼 부끄러웠다'(5.8%) 등으로 조사되었다.

지독한 면접 울렁증, 어떻게 해소해야 하는가?

면접 울렁증을 하루아침에 극복하기란 여간 어려운 일이 아니다. 하지만 이를 극복하지 못하면 사회생활의 첫 관문부터 통과하기가 어렵다. 언젠가는 극복해야 할 어려움을 초기에 모든 노력을 집중해서 뜨거운 성취

감으로 바꾸었으면 한다. 이러한 면접 울렁증을 해결하기 위해서 나름대로 다음과 같은 해결방안을 제시한다.

첫째, 나는 '잘할 수 있다'고 본인의 잠재의식 속에 각인시키는 이미지 트레이닝을 한다. '지금까지 최선의 노력을 다해 면접 준비를 했다. 아마도 나만큼 열심히 준비한 사람도 없을 것이다'라고 자기암시를 한다. 그리고 면접 전날, 거울을 보면서 환하게 웃는 연습을 하기도 하고 '꼭 합격할 것이다'라는 절대 긍정의 마음을 갖도록 만반의 준비를 해두고 푹 자도록 한다. 한국인 최초 프리미어리거가 된 박지성 선수는 운동장에 나갈 때면 자신감을 갖기 위해 다음과 같은 자기암시를 했다고 한다. '언제나 경기장에서 만큼은 '내가 최고'라고 생각한다. 내가 그라운드를 지배한다고 상상하고, 실제로 현란한 드리블과 강력한 슈팅을 하는 나를 마음속에 그린다! 독일월드컵에 대해 질문을 종종 받는다. 나는 분명하게 말한다. 목표는 우승이다. 내가 최고인데 정상에 오르지 못하면 이상한 것 아니겠는가?'('이 경기장에선 내가 최고다', 이상주 기자 취재)

둘째, 면접장 분위기에 적응한다. 면접 하루 전에 면접장소를 둘러보는 것도 좋은 방법이다. 면접장까지는 확인할 수 없지만 해당 빌딩의 로비나 공장의 경우에는 정문까지 가서 경비원 아저씨와 이야기를 나눠보고 궁금한 게 있으면 예의를 갖춰 묻는 것도 좋은 방법이다. 또한 면접장에 입장해서 착석하게 되면 실내를 둘러보거나 면접관들과 아이콘텍을 하면서 심호흡을 하는 것도 긴장을 푸는 데 도움이 된다.

셋째, 면접을 시작해서 자기소개를 하기 전, 면접관에게 솔직하게 면접 울렁증이 있다고 양해를 구한다. 얼마 전, 이틀 동안 서울시 산하 공공기관의 신입사원 채용 면접관으로 참여한 적이 있다. 면접이 중반쯤 진행될 즈음, 건장한 남자 지원자 3명이 한 조가 되어 입장했다. 자기소개가 시작되자 가운데 앉은 지원자 차례가 되었다. 그는 자기소개에 앞서 면접관에게 양해

드릴 말씀이 있다고 말했다. "저는 심하게 말을 더듬거립니다. 하지만 면접관님들께서 제가 답변하는 도중에 말을 끊지 말고 인내심을 갖고 지켜봐 주십시오. 저 역시 최선을 다해 면접에 임하겠습니다." 그렇게 말하고는 정말 최선의 노력을 다해 진정성 있는 답변을 계속해 나갔다. 저자는 좋은 평가점수를 주었던 걸로 기억한다.

넷째, 나의 이야기를 진솔하고 재미있게 답변할 수 있도록 연습하고 연습하라. 면접에서 나의 과거경험을 면접관에게 진솔하게 말하는 것은 그리 어렵지 않다. 화려한 미사여구를 사용해서 답변을 하는 것도 좋지만, 잘못하면 기억이 나지 않아서 낭패를 볼 수도 있다. 하지만 본인의 과거경험을 이야기할 때는 떨리지 않고 자연스럽게 답변할 수 있다. 또한 이러한 이야기는 본인의 진정성이 전달되어 좋은 평가를 받을 수 있다. 얼마 전에 세상을 떠났던 스티브잡스 역시 한 번의 프레젠테이션을 준비하기 위해 걸음걸이 숫자까지 세어보면서 연습에 몰두했다고 한다.

다섯째, 취업스터디에 가입해서 친구들로부터 적극적인 피드백을 받는다. 취업준비를 하는 친구들과 실전면접에 대비한 답변을 하면서 적극적이고 예리한 피드백을 받아보는 것도 좋은 방법이다. 피드백을 적극 수용해서 보완해 나간다면 어제와 다른 오늘의 모습, 오늘과 다른 내일의 모습을 기대해 볼 수 있다. '당신은 100번을 연습한 적이 있습니까?' 바로 천재적인 코미디언이자 영화감독인 찰리채플린이 남긴 말이다.

위와 같은 노력에도 불구하고 면접 울렁증이 고민되는 지원자는 최후의 방법으로 한방치료를 받거나 의사의 진단과 처방을 받아 울렁증을 감소시키는 치료제를 복용하는 방법도 있다.

1분 자기소개,
어떻게 해야 하는가?

왜 자기소개를 하는가?

우리는 '첫인상이 중요하다'는 말을 많이 한다. 『첫인상 5초의 법칙』이란 책을 보면 좋은 첫인상은 상대방에게 신뢰감, 자신감, 친근감을 준다. 그리고 첫인상을 좌우하는 것은 태도가 90%, 습관 5%, 지식 3%, 테크닉 2%를 차지한다고 한다. 누군가를 처음 만나서 처음 5초 동안 느낀 이미지가 평생 동안 그 사람을 평가하는 기준으로 작용한다면 이보다 더 중요한 일은 없을 것이다. 처음 만난 사람의 첫인상이 나빴다면, 그 후 아무리 좋은 면을 많이 발견해도 '의외로 좋은 모습을 봤다'라고 생각할 뿐 웬만해서는 '알고 보니 좋은 사람'이라고 평가를 바꾸지 않는다.

이러한 첫인상을 좌우하는 데 결정적인 시간은 바로 면접관에게 인사하고 착석한 후, 곧바로 시작하는 자기소개까지다. 여기까지 소요되는 시간은 5분 정도이며 면접결과의 70~80%가 이 시간에 결정된다고 본다. 그러면 이렇게 중요한 자기소개를 어떤 내용으로 채울 것인가? 혹자는 '회사에 지원한 지원동기'로, 그렇지 않으면 '입사 후 포부' 또는 '본인의 강점' 위주로 자기소개를 하라고 지도하는 분도 있다. 물론 정답이 없는 면접에서 이와 같이 자기소개를 하는 방법도 있을 수 있으나 바람직한 방법은 아니라고 생각한다.

왜 자기소개를 하는지, 그 이유와 목적이 무엇인지, 어떤 내용으로 어떻게 해야 하는지 깊이 생각해 보아야 한다. 그냥 실전면접에서 '자기소개를 하라고 하니까' 한다는 수동적인 입장에서 벗어나, 남들과 차별화 되고 면접관의 관심과 호기심을 불러일으킬 수 있어야 한다. 방금 내가 이야기한 자기소개 내용에서 면접관으로부터 질문을 받을 수 있다면 면접에서 남들보다 유리한 고지를 선점할 수 있기 때문이다.

자기소개는 어떤 내용으로 구성하는 것이 바람직한가?

우리가 보통 스마트폰을 구입한다고 했을 때, 제조회사와 기능, 색상, 크기, 가격 등 여러 가지 스펙을 비교해서 결정한다. 이러한 것을 통칭 '가치'라고 부른다. 다시 말해 가격 대비 가치를 비교해서 본인에게 알맞은 스마트폰을 구입한다. 회사에서 인재를 채용할 때도 '비용 대비 나의 가치'를 비교한다. 기분 나쁘게 들릴 수도 있겠지만, 구직자들이 인력시장에서 '나를 채용해 달라'고 본인의 가치에 대해서 홍보하고 설명하는 것이 자기소개이기 때문이다.

여기서 인재의 가치란? 일을 잘할 수 있는 사람을 말한다. 따라서 회사에서는 지원한 직무를 잘 수행할 수 있는 사람, 오랜 시간동안 착실하게 준비한 사람을 채용할 것이다. 그렇다면 1분 자기소개는 내가 이 직무에 적합한 사람이고 차별화 된 능력을 갖고 있어서 일을 잘할 수 있는 사람이라고 소개해야 한다.

따라서 지원한 직무 수행에 필요한 역량을 3가지 정도 도출한 다음, 그 역량과 관련된 본인의 강점을 발휘해서 좋은 결과를 가져온 사례를 이야기하는 것이 바람직한 방법이다. 예를 들어서 인사 직무에 필요한 역량이 의사소통능력, 대인관계능력, 유연한 사고력과 창의력이라고 할 때, 다음과 같은 예가 적절할 것이다.

안녕하십니까? 일을 하면서 행복을 느끼는 사람, 인사관리 직무에 지원한 지원자 ○○○입니다. 인사관리 직무에 필요한 역량은 의사소통능력, 대인관계능력, 유연한 사고력과 창의력이라고 생각합니다. 이와 관련된 경험을 위주로 자기소개를 하겠습니다.

첫째, 원활한 의사소통능력입니다.

○○대학교 5대 축구동아리 회장을 역임했습니다. 만년 하위 팀에 머물다 보니 회원들의 자신감과 결속력이 최하위였습니다. 회장에 취임하면서 철저한 입단 테스트와 체계적인 훈련 그리고 훈련 후 평가회의를 하면서 회원들의 의견을 존중하고 경청하면서 팀워크를 다지기 위해 노력했습니다. 이러한 노력으로 회장 취임 8개월 만에 총장배 우승을 차지할 수 있었습니다.

둘째, 친화력을 바탕으로 한 대인관계능력입니다.

저는 항상 '인생에서 가장 중요한 시간은 바로 지금 이 순간이며, 가장 중요한 사람은 바로 지금 내 앞에 있는 사람'이라고 생각합니다. 이를 실천하기 위해 항상 주어진 일에 최선의 노력을 다하고, 만나는 사람마다 진실한 관계를 맺기 위해 상대방을 존중하고 배려하면서 상대방의 입장에서 생각하려고 노력해 왔습니다. 이러한 노력으로 현재 약 400명의 인적 네트워크를 보유하고 있습니다.

셋째, 유연한 사고와 창의력을 통해 문제를 해결하는 능력입니다.

중고등학교 시절 임원활동과 대학시절 과대표, 동아리활동을 하면서 어려운 문제에 직면할 때마다 목적 및 본질 중심의 사고와 역발상을 통해서 문제를 해결하여 왔습니다.

이와 같은 준비된 역량과 열정을 발휘해서 신입사원의 기준을 만들어 가는 인사파트의 핵심인재로 성장하고 싶습니다. 감사합니다.

자기소개는 어떻게 해야 하나?

첫째, 스토리가 구체적이어야 진정성을 확보할 수 있다. 지원한 직무 수행에 요구되는 필요역량과 관련된 본인의 과거의 경험이 막연하고 구체성이 없이 당연한 공자님 말씀만 늘어놓는 지원자가 많다. 직무기술서를 작성해 놓은 듯한 내용으로는 면접관의 좋은 평가를 얻기 힘들다. 본인이 노력한 내용과 결과 그리고 얻은 경험이 설득력과 공감을 얻을 수 있도록 말해야 한다.

둘째, 면접관과 아이콘텍을 하면서 밝은 표정으로 진지하게 자기소개를 해야 한다. 눈동자가 왔다갔다 하거나 한 곳에 고정되어 있으면 면접관은 심리적으로 불안해하고 자신감이 없다고 평가한다. 한 문장이 끝나면 다른 면접관에게 시선이 넘어가면서 모든 면접관에게 골고루 시선이 갈 수 있도록 노력해야 한다.

셋째, 직무에 필요한 역량을 첫째, 둘째, 셋째로 구분지어 말하는 것이 좋다. 직무에 필요한 역량을 3가지 정도로 선정하고 이와 관련된 경험을 정리한 후, 강조할 부분에서는 자연스러운 제스처와 함께 힘을 주어 말하는 것이 좋다. 특히 과거의 경험에서 면접관의 궁금증과 흥미를 유발시켜 본인이 방금 이야기한 자기소개 내용 중에서 관련 질문이 나올 수 있도록 유도하는 것이 중요하다.

넷째, '비언어적 요소'의 중요성을 알고 준비하자. 캘리포니아 대학 UCLA 심리학과 교수인 앨버트 메라비언(Albert Mehrabian)은 상대방에 대한 인상이나 호감을 결정할 때, 목소리는 38%, 보디랭귀지가 55%(표정 35%, 태도 20%)의 영향을 미치는 반면, 말의 내용은 겨우 7%에 그친다는 '메라비언의 법칙'을 발표했다. 부드러운 미소와 따뜻한 정감이 가는 말투 그리고 진지한 자세로 자기소개를 한다면 면접관에게 좋은 인상을 심어 줄 수 있다.

다섯째, 자기소개를 하는 모습을 동영상으로 촬영해보거나 친구들에게 피드백

을 받아보자. 1분짜리 자기소개를 준비해서 키워드를 중심으로 '말하듯이' 연습하는 것이 좋다. 말하는 모습을 동영상으로 촬영해서 보거나, 친구들과 모의면접을 연습하면서 적극적인 피드백을 받아서 보완하자. 또한 자기소개를 잘하는 친구들을 지켜보면서 좋은 점을 찾아서 배우는 것도 좋은 방법이다.

면접장에서 어필하는 논리적 표현이란?

논리적 표현이 중요해지는 면접현장

취업문이 극도로 좁아지면서 기업들은 지원자의 역량과 잠재력을 검증하기 위한 방법으로 지원자의 경험에 입각한 창의적 사고와 논리적 표현력을 요구하는 검증의 그물을 촘촘히 쳐놓고 있다. 지원자들은 해를 거듭할수록 강도가 센 극기체험을 하게 된다.

면접관들은 지원자들이 주어진 정보와 상황에서 정확한 판단과 자신 있게 논리적으로 표현하는지를 주시한다. 그것이 검증의 목적이라는 것을 지원자들은 기억하고 대비해야 한다.

논리적 표현 구사에 적합한 표현기법들

면접에서 어필하는 논리적인 표현을 하려면 주장하려는 바를 구성하는 틀에 맞춰 짜는 방법이 필요하다. 가장 쉽게 활용할 수 있는 방법들을 알아보자.

PREP기법은 말하고자 하는 핵심결론을 먼저 말하는 두괄식 방법 → 결론에 대한 이유를 제시하는 서론 → 구체적인 사례를 들어 이해를 돕는 스토리텔링의 본론 → 첫 번째의 핵심결론을 다시 한 번 주장하여 강조하는 방법의 순으로 자신의 주장을 펴는 방법이다.

이를 사례를 들어 설명하면 다음과 같다.

❶ POINT (결론)- 두괄식으로 핵심주장

저는 행사를 기획하고 운영하는 일을 잘할 수 있습니다.

❷ REASON (서론)- 주장에 대한 이유를 제시

왜냐하면 저는 그동안 행사에 관련된 다양한 경험을 해보았기 때문입니다.

❸ EXAMPLE (본론)- 구체적인 사례를 제시

대학교 4학년 때 교수님의 추천으로 한 학기동안 행사 기획사에서 장기현장실습을 한 적이 있습니다. 행사 운영진으로 참여하면서 현장의 인력관리나 행사 운영에서 이루어지는 일들이 무엇이고, 어떻게 하는지, 예상치 못한 상황에 발 빠르게 대처하는 직원분들을 보면서 문제 해결에 정확한 판단과 행동 그리고 위기를 극복하는 방법을 직접 경험하면서 배웠습니다.

❹ POINT (결론)- 핵심주장을 다시 한 번 강조

저는 그 일을 하면서 정말 흥미롭고 즐거웠습니다. 앞으로도 행사를 기획하고 운영에 관련된 업무에는 자신이 있습니다.

YES ☞ BUT기법은 면접관의 압박 질문이나 공격적 질문을 우선 인정YES → 인정한 사실에 대한 반론을 제기하는 방식으로 답변하는 표현법이다.

질문 : ○○○지원자는 호감 주는 인상은 아닌 것 같군요.

Yes : 말씀해 주셔서 감사합니다. 너무 긴장되고 떨려서 저의 웃는 모습을 보여 드리지 못해 좋지 못한 인상이 됐나 봅니다.

But : 지금 이 자리가 제 인생에서 가장 중요하다는 생각에 많이 긴장하게 된 것 같습니다. 다음에 뵐 때는 웃는 모습으로 인사드리겠습니다.(반드시 미소)

BACK TRACKING기법은 상대방과의 심리적인 대화기법이다. 상대방의 질문에 대해서 전체 or 부분적으로 따라 하는 방법으로 '내 말에 집중하고 있구나'라고 생각하게 되어 무의식적으로 신뢰감을 형성하게 된다. 그로 인해 공감과 유대를 이끌어내는 커뮤니케이션기법이다.

'웬! 심리?' 하고 의아하게 생각될 수도 있으나 사람과 사람 사이는 다양한 감정이 내재되어 있다. 호감, 공감, 유대, 신뢰 등의 감정이 형성되어야 상대방의 말이나 행동에 긍정적으로 반응하게 된다. 지원자들 역시 면접관과의 대면 시 무의식적으로 좋은 감정이 만들어진다면 자신이 하는 말과 행동에 긍정적인 평가를 받게 될 확률이 높다는 것이다.

질문 : 학창시절 가장 뿌듯했던 경험은?

답변 : 저의 학창시절 가장 뿌듯했던 경험은 동아리에서 보육원에 봉사활동을 할 때입니다. 제가 직접 프로그램과 게임에 필요한 준비물을 만들어 갔는데 아이들이 너무 좋아하는 것을 보고 그 이후로 한 달에 한 번 놀이 봉사활동을 꾸준히 하게 되었습니다.

질문 : 작년에 지원했다 탈락하고도 다시 지원한 이유가 무엇인가?

답변 : 네, 작년에 탈락했는데 다시 지원한 이유는 저의 행복을 위해서입니다. 제가 원하는 곳에서 일을 할 수 있다는 것과 사랑하는 이들과 함께하는 삶이 같은 행복이라고 생각해서입니다.

위에 언급한 PREP기법, YES & BUT기법, BACK TRACKING기법을 적절히 활용하여 질문에 대한 답변 연습을 하도록 한다. 예를 들면, '살면서 무시당하거나 부당한 대우를 받는 적이 있었는가? 그에 따른 대응은 무엇이었나?' 하는 질문을 받으면 '이런 경험에 대해 어떤 것을 말할까?' 하고 여러 생각들이 머릿속을 복잡하게 할 것이다. 무시당하거나 부당한 대우를 받은 적이 없다면 압박 질문으로 연결될 수도 있을 것이고, 심각한 내용이면 수습이 어려워지고, 문제라 하기에 애매한 경험은 열등감이나 까칠한 사람이 될 것 같아 고민이다. 그에 대한 답변에 "네! 살면서 무시당하거나 부당한 대우를 받지 않았다면 좋겠지만 그런 경험이 있습니다. 대학 재학 중에 아르바이트 면접을 본 적이 있었습니다. 그 당시에 저는 살이 많이 찐 상태였는데 사장님이 저를 보더니 '같이 일하기 어렵다'며 퇴짜를 놨습니다. 돌아서서 나가는데 등 뒤로 들리는 '와! 뚱뚱하네. 저래 자기관리가 엉망인데 뭘 하겠다고' 하는 소리에 망치로 맞은 듯 뒤통수가 멍했습니다. 그 후 살을 빼기로 결심하고 매일 운동과 식사량 조절로 6개월 동안 20kg을 감량할 수 있었습니다. 덤으로 무엇이든 할 수 있다는 자신감을 얻었습니다. 이상입니다" 정도로 대답할 수 있을 것이다.

사례의 답변처럼 부정적인 경험은 너무 심각한 수준이나 미미한 수준의 사례는 피하고 '그럴 수도 있겠다'는 인정가능한 정도의 사례가 적절하며 그에 따른 대응방법으로 어떤 노력을 해서 결과에 이르렀는지를 말하면 된다.

● **TIP**

지원자들 중에 면접 후기를 들어보면 '저 이번에 잘 본 것 같아요. 다른 애들보다 답변도 잘하고 질문도 대부분 예상한 게 나왔던데요. 합격하면 인사 드릴게요. ㅋㅋㅋ' 같은 후기가 있다. 예상했겠지만, 불합격!!

1 지원자들은 말을 잘하면 합격하는 줄 안다. 하지만 말 잘하는 것보다 잘 전달하는 것이 더 중요하다. 스킬이 만능이 아니라는 것을 명심하자.

2 면접은 나의 만족을 위한 자리가 아니라 면접관을 만족하게 하는 자리이다.

자아도취 하지 말자.

3 면접관의 입장에서 이해하기 쉽고 명쾌한 논리로 잘 전달해야 한다. 역지사지의 마음으로 면접관을 배려하자.

4 내가 하고 싶은 답변을 하지 말고 면접관이 듣고 싶은 답변을 해야 한다. 사오정이 되지 말자.

면접관에게 궁극적으로 보여지는 시선처리는 어떻게 하는가?

면접관과의 아이콘텍(Eye-Contact)이 중요한 이유

'눈으로 말한다', '눈은 마음의 창', '눈을 보면 그 사람을 알 수 있다' 등의 수식어처럼 눈은 비언어적인 요인 중에 의사소통과 상대방을 판단하는 기준으로 그 비중이 크다. 그래서인지 면접에서 시선처리 또한 평가 요소가 된다. 어려울 것 같지 않은 시선처리가 지원자들에게는 의외로 시선을 어디다 둘지, 어떻게 하는 건지 몰라한다. 면접관의 시선을 피해 다른 곳을 헤매다 자신감과 함께 안드로메다로 떨어져버리는 안타까운 사태를 종종 보게 된다. 말하자면, 자신감 없는 시선, 어색한 시선, 회피하는 시선은 면접을 망치게 된다는 뜻이다. 특히, 면접관과 아이콘텍(Eye-Contact)이 안 되는 지원자는 자신감이 없어 보이고 답변에 진정성을 의심받게 된다. 아무리 말을 잘하더라도 좋은 점수를 받기 어렵다는 것이다. 기업 인사담당자들이 면접에서 감점이나 불이익을 주는 버릇 중에 '시선 회피와 아래를 보고 말한다'의 항목이 60%로 가장 높았다. 그 이유도 다른 항목에 비해 무려 7가지나 된다. 열거해보자.

①자신감과 패기가 없어 보인다. ②주의가 산만하다. ③신뢰가 안 간다. ④진정성이 의심된다. ⑤집중력이 부족하다. ⑥기본적인 인성이 결여되어 보인다. ⑦정서적인 문제가 있어 보인다.

위의 내용을 참고해서 면접에서 가장 적절한 시선처리는 어떻게 하는 것인지 알 수 있다. 면접관의 질문에 편안한 아이콘텍을 하면서 부드러운 미소를 띠며 또박또박 말한다. 그렇다면 면접관은 지원자들의 눈을 보고 어떤 생각들을 할까? 지원자의 눈빛이 흔들리고 두리번거리면 면접관은 불안정한 사람이라고 생각하고 눈동자를 위로 올리면 '저 지원자는 외운 것을 기억하려고 애쓰고 있구나' 하여 지원자의 얘기가 아니라고 생각할 수 있다. 시선이 아래를 보거나 회피하면 자신의 말에 확신이 없어 보이고 진정성을 의심받게 되며 자신감과 패기가 없는 수동적인 사람으로 평가된다. 눈빛에 힘이 없을 때 '썩은 동태 눈'이라는 비유가 있다. 이것은 바로 의욕이 없는 사람을 두고 하는 말이다. 습관적으로 눈을 자주 깜빡이는 사람은 성격이 급해서 집중력이 부족하다고 판단하며, 눈을 좌우로 흘기듯 보는 사람은 의심이 많은 부정적인 사람으로 비춰진다.

이러한 여러 이유로 지원자들은 면접관의 입장에서 면접관의 관점으로 자신의 행동과 습관을 점검해서 사소한 실수가 탈락의 이유가 되지 않도록 하자.

면접관의 관점에 따른 시선처리방법

● 면접관 시선에 도전하지 않는다

지원자가 면접관의 눈을 계속 보는 것은 서양에서는 옳은 태도이나 아직까지 우리나라의 정서로는 도전하는 것으로 오해받을 수 있다. 눈보다 눈 주위에 시선을 두면 부담을 줄일 수 있다.

● **시선도 한 템포 쉬어 주자**

면접에서 긴장되면 눈빛이 불안해지기 때문에 2~3초쯤 정면을 보면서 템포를 조절하는 것이 긴장 완화에 도움이 된다.

● **눈에 진짜 미소를 보여 주자**

눈은 웃지 않고 입만 웃고 있으면 인상이 날카롭고 사나워 보일 수 있기 때문에 지원자의 의도와 상관없이 진실성을 의심받게 된다. 그렇다고 시선처리만 따로 하는 연습은 쉽지도 않다. 비언어적인 몸짓을 스피치 트레이닝을 하면 눈과 입이 웃는 호감 가는 표정을 만들 수 있다.

● **아이콘텍은 나눠 쓰자**

다대다면접에서 멀리 있는 면접관이 질문할 때 눈동자만 돌리지 말고 상체를 20도 정도 틀어 면접관을 향하도록 한다. 답변할 때는 질문한 면접관과 아이콘텍을 하면서 그 외 면접관에게도 적절하게 아이콘텍을 하자.

● **자신의 버릇을 모니터링하자**

면접 시 지원자들은 긴장을 한다. 본인도 모르는 사이에 평소 습관이 드러나는 실수로 인해 단 한 번의 기회를 놓치게 될 수 있다. 모의면접을 통해 자신의 모습을 모니터링해보는 방법으로 부정적으로 보여질 습관과 버릇들을 개선하는 노력을 해야 한다.

면접관의
인성면접 판단기준

기업의 인성면접 3대 평가요소- 적극적 성향, 타인이해 성향, 조직 적응성

기업의 면접 중 인성을 평가하는 인성면접은 사실 지원자의 입장에서 가장 애매한 부분이다. '과연 무엇이 인성인가?'라는 부분에 대한 정의조차도 불명확하기 때문이다. 인성은 말뜻 그대로 사람의 성품 즉, 됨됨이를 이르는 말이다. 하지만 면접은 채용을 전제로 하기에 기업에서 바라보는 인성은 이와 같은 사전적 의미와는 조금 다른 부분이 있다. 여기에서는 태도적인 부분을 제외하고 경험의 '내용'에 대한 면접관의 판단 포인트를 집중하여 설명하겠다.

면접장에서 평가하는 인성은 크게 주도성, 능동성, 진취성 등으로 표현되는 '적극적 성향'과 대인관계성, 협력성, 팀워크 등으로 표현되는 '타인이해 성향', 마지막으로 조직 순응성, 조직 융화성 등으로 표현되는 '조직 적응성'의 3대 평가요소를 말한다. 이는 지원자를 바라보는 관점의 스케일이라는 차이로 설명할 수 있다.

먼저, 지원자 개인 한 사람을 바라보는 관점이 있다. 즉, 이 지원자가 스스로의 의지에 따라 자신이 처한 환경을 보다 긍정적으로 개척하고 변화하는지 확인하는 시각이 첫 번째 '적극적 성향'을 판단하는 기준이다.

다음으로, 지원자 옆에 누군가를 세워놓고 그 둘을 바라보는 관점이 있다. 이때 지원자가 자신의 옆에 있는 사람과 얼마나 잘 지낼 수 있는지의 관계를 보는 것이 두 번째 '타인이해 성향'이다.

마지막으로, 시각을 더욱 더 확장시켜 지원자를 가운데 놓고 더 많은 사람들을 주변에 배치하여 이렇게 이루어진 조직을 바라보는 관점이 있다. 지원자가 이 조직이라는 곳에서 크고 작은 관계에 잘 대응하며 잘 적응할 수 있는지를 보는 것이 세 번째 '조직 적응성'이다. 이를 세부적으로 설명하면 다음과 같다.

적극적 성향

면접관은 질문을 통한 지원자의 행동이, 그 당시 그 일을 당연히 해야 하는 역할에서 이루어졌다면 적극성을 인정하지 않는다. 예를 들어, 지원자가 학생회활동을 하며 홍보부장으로서 교내 행사에 대해 열심히 홍보하는 데 집중했다고 말해본들 면접관은 별 감흥이 없는 것이다. 홍보부장으로서 당연히 해야 할 일이기 때문이다.

또한, 그 당시 지원자의 행동이 누군가의 지시에 의한 행동이라고 판단되는 경우에도 적극성을 인정하지 않는다. 예를 들어, 지원자가 패밀리레스토랑의 서빙 아르바이트를 할 때 적극적으로 고객을 응대했다고 말해본들 면접관은 별반응이 없을 것이다. 매니저나 점주의 지시로 이루어지는 일임을 잘 알고 있기 때문이다. 그래서 면접관은 그 상황에서 왜 그와 같은 행동을 하기로 마음을 먹었는지 지원자의 '의도'에 대해 추가적으로 질문을 하게 된다. 즉, 당시 지원자가 그 일을 하며 했던 남들과 다른 '특별한 방법'에 대해서 추가적으로 질문하게 된다. 이와 같은 질문에 대한 답변의 내용이 '당연히 해야 할 일'과 '누군가의 지시에 의한 일'을 벗어났을 때, 그때 비로소 적극성을 인정받게 된다. 따라서 지원자가 면접장에서 평가되는 적극적 성향을 인정받기 위해서는 그 당시의 상황에서 자신이 자발적으로 '무엇'을 보다 좋게 하기 위해서 '어떤' 목표를 세웠으며, 이 목표를 위해 '어떤' 특별한 행동을 했는지 적극적으로 어필해야 한다.

네. 저는 봉사대의 3팀장으로서 여행계획을 추진하며 특히, 다른 팀과는 다르게 현지의 주민들을 많이 만나는 것을 목표로 하여 노력했습니다. 그 결과 이명우 한인회 회장님의 도움으로 3개 마을 방문을 성사시켰습니다.

이 사례의 경우, 여행계획을 추진하는 것은 팀장으로서의 당연한 역할이 되지만, 한인회 회장과의 통화와 이로 인한 3개 마을 방문은 자신의 특별한 노력이 되기에 결국 적극적 성향을 인정받을 수 있는 배경이 된다.

타인 이해성

서로 다른 두 사람이 하나의 목표를 달성하기 위해서는 무엇보다 협업을 이룰 수 있는 자질이 중요하다. 두 사람이 특별한 문제가 없이 함께 잘 일할 수 있다는 것은 상대에게 인정을 받고 있음을 의미한다. 따라서 면접관들 또한 지원자의 주관적인 자기 자랑보다는 그 당시 함께했던 사람들의 시각에서 지원자의 참모습을 파악하려 하는 시도를 하게 된다. 즉, 만일 지원자가 팀장으로서 열심히 팀을 이끌었던 경험을 말한다면, 그때 '지원자의 팀원 중 한 사람의 시각에서 바라보는 팀장인 지원자의 모습에 대한 장점과 단점을 말해보라'는 질문을 하게 되는 것이다. 또한, 자신의 아이디어가 동아리 회원들에게 인정을 받았다면 '동아리 회원들은 왜 그 아이디어를 수용했다고 생각하는지' 상대방의 관점에서 그 이유를 물어보게 되는 것이다.

지원자가 면접장에서 평가되는 타인이해 성향을 인정받기 위해서는 그 당시의 상황에서 자신의 노력이 상대의 시각에서 '어떤' 좋은 부분으로 보였을지에 대한 시각을 적극적으로 어필해야 한다.

네. 저는 팀장으로서 특히 신입회원들을 챙기는 데 가장 많은 노력을 했습니다. 적응을 하지 못하고 초반에 탈퇴하는 회원들이 제가 팀장이 되기 전부터 문제였기 때문입니다. 신입회원들도 제가 수시로 상담하고 대화를 나누는 모습을 보며 제가 자신들을 아낀다는 것을 알 수 있었다고 말했습니다.

이 사례의 경우, 자신이 그저 잘했다는 자랑이 아닌 그 노력의 수혜자인 팀원들, 즉 상대의 시각에서 느껴지는 노력을 어필했기에 결국 타인이해 성향을 인정받을 수 있는 요소가 된다.

조직 적응성

취업이란 결국 기업이라는 조직에 들어가는 것을 의미한다. 그렇기에 기업에서 판단하는 인성의 종착점 또한 조직에 얼마나 순응하며 잘 적응할 수 있을지를 판단하는 것이다. 그렇다고 이 부분에서 판단하는 인성이 '노예의 태도'를 원하는 것은 아니다. 기업이 원하는 인성은 자신이 조직의 구성원임을 명확히 인식하고, 조직이 추구하는 공통의 목표를 달성하기 위해 자신이 그 구성원으로서 온전한 역할로 노력하는 행동과 그 과정을 의미한다. 따라서 지원자가 면접장에서 평가되는 조직 적응 성향을 인정받기 위해서는 그 당시의 상황에서 자신의 노력이 조직의 공동 목표 달성을 위해 어떤 의미가 있었는지를 적극적으로 어필해야 한다.

네. 당시 자료 수집을 담당하며 자료 검색 이외에, 일부러 논문까지 추가해서 찾아본 이유는 제가 속한 팀의 발표 내용을 보다 더 수준 높게 만들어 보고 싶은 마음이 있었기 때문입니다. 그리고 당시 담당 교수님 또한 발표의 디테일을 집중해서 평가하셨습니다.

이 사례의 경우, 자신의 노력이 궁극적으로는 자신이 속한 팀의 목표를 위한 노력이었음을 어필했기에 결국 조직 적응 성향을 인정받을 수 있는 요소가 된다.

면접장에서 입사지원서의 경험을 기반으로 면접관이 질문하는 경우는 지원자가 만날 수 있는 가장 일반적인 상황이다. 경험은 자신의 인성부분을 어필할 수 있는 가장 좋은 수단이다. 무턱대고 답변하는 것보다는 어떻게 하면 위의 3가지 인성 포인트에 맞춰 답변할 수 있을지 고민하고 답변할 필요가 있는 것이다.

압박면접
생존 노하우

지원자에게 면접장은 사실 두려움의 공간이다. 아무리 주도적이고 당당하게 면접을 본다고 해도 일단 면접관이 질문을 해야 비로소 답변할 수 있는 것이기에 결국 '당하는' 사람의 입장에서 면접을 진행할 수밖에 없다. 이러한 특수성이 있는 면접장이기에 가뜩이나 긴장된 상황에서 면접관이 어려운 것을 물어보거나 자신의 답변에 꼬리를 물고 파고든다면 그때부터 면접장은 생각조차 하기 싫은 지옥으로 변하게 된다.

사실 지원자의 입장에서는 자신이 답변하기 힘들거나 어려운 모든 질문들이 곧 압박면접이 된다. 자신이 어렵게 느껴지는 모든 것들이 압박의 상황이 되기 때문이다. 이와 같은 지원자 관점이 아닌 면접관 관점에서 보면, 지원자가 면접현장에서 실질적으로 만날 수 있는 압박의 상황은 크게 다음과 같은 두 가지 질문 형식으로 요약될 수 있다.

첫째, 왜 ○○이(을) 없냐/낮냐/안 했냐 유형 : 왜 이렇게 학점이 낮은가요?
이 지원자가 면접장에 들어가기 전에 기도를 했다면, 틀림없이 학점에 대해 물어보지 말라는 기도를 했을 것이다. 하지만 야속한 면접관은 지원자의 간절한 바람을 가볍게 무시하며 지옥문을 열고 있는 것이다.

면접관이 작정하고 연출하는 압박면접의 가장 일반적인 형태는 지원자의 이력사항 중 하지 않았거나, 없거나, 낮거나, 부족한 부분을 찍어서 공격하는 방식이 있다. 즉, '왜 학점이 낮은가?', '왜 자격증을 따지 않았나?', '왜 인턴을 하지 않았나?' 등의 질문이 대표적인 경우이다.

대부분의 지원자는 막상 이런 상황이 닥치면 자신이 못마땅해서 면접관이 시비를 거는 것으로 판단한다. '이제 끝이다'라고 되뇌이며 면접을 아예 포기하는 경우까지 있다. 하지만 걱정 마시라. 만일, 그 기업의 결정적 채용 기준이 학점이라면, 그리고 자격증이나 인턴이라면 이런 것들이 없는 지원자는 아예 면접장에 들어가지조차 못했을 것이다. 서류에서 탈락했을 테니 말이다. 이런 경우에는 다음과 같은 압박상황 대응공식을 기억해 놓으면 도움이 된다. 바로 수용 → 공감 → 대안의 공식이다. 이를 실제 면접현장에 대입해보면 다음과 같은 상황을 만들 수 있다.

면접관 : 지원자는 왜 이렇게 학점이 낮은가요?

지원자 : 네. 제 학점이 상대적으로 낮은 것은 사실입니다(수용)→낮은 학점 얘기가 나올 때마다, 저도 많이 후회하고 있습니다(공감)→부족한 학점임을 잘 알기에, 이를 어떻게 극복할지 많이 고민했고, 공부 외에도 다양한 경험을 했습니다. 한 가지만 말씀드려도 되겠습니까?(대안)

만일 이와 같은 과정을 통해 면접관이 지원자에게 발언할 기회를 준다면, 그때는 오히려 면접이 지원자 중심의 능동적 면접으로 바뀔 수도 있다. 즉, 유리해지는 것이다.

둘째, A와 B 중에서 하나를 선택해라 유형 : 지원자의 직무에서는 과정이 중요한

이와 같이 선택형의 질문의 경우, 가장 먼저 알아야 할 유의사항은 답변을 섞지 말라는 것이다. 예를 들어, '네. 저는 과정을 성실하게 수행하여 이루어낸 결과야말로 가장 가치 있고 중요하다고 생각합니다'라는 식의 답변은 피하라는 것이다. 면접관의 의도가 '둘 중 하나를 골라봐라. 그러면 나는 네가 선택하지 않은 것을 가지고 나머지를 이끌어 가겠다'라는 심보를 배경으로 하는 만큼, 지원자가 답변을 섞는 것을 그대로 방관할 면접관은 없다.

이미 눈치 챘겠지만, 이 중에서 하나를 가지고 답변을 진행하면 당연히 선택하지 않은 것에 대한 공격을 받게 된다. 이런 경우를 가장 적절하게 대응하는 방법은 '만일'이라는 키워드와 '시각과 관점'이라는 키워드를 사용하는 방법이 있다. 이를 역시 실제 면접현장에 대입해보면 다음과 같은 상황을 만들 수 있다.

면접관 : 지원자의 직무에서는 과정이 중요한가요? 결과가 중요한가요? 어떻게 생각하세요?

지원자 : 네. 연구의 결과가 확실해야 제품에 반영할 수 있는 만큼 결과가 더 중요하다고 생각합니다. 만일, 결과 없는 과정에만 집착하여 단순한 연구만 반복된다면 경쟁사의 신제품 출시에 적절하게 대응하지 못하게 될 것이고, 결국 경쟁에서 뒤처지게 될 것입니다. 그래서 저는 결과가 더 중요하다고 생각합니다.

이는 지원자의 생각에 따라, 얼마든지 그 반대의 경우, 즉 과정이 중요하다는 말로도 바뀔 수 있을 것이다. 이제 다른 사례를 보자.

지원자 : 네, 저는 결과가 더 중요하다고 생각합니다. 변화의 속도가 늦더라도 한

단계씩 발전을 이루어야 한다는 시각(관점)에서는 과정이 중요하다고 평가 될 수 있습니다. 하지만 지금처럼 치열한 경쟁상황에서 과정에 집착하게 된다면 경쟁사의 신제품 출시에 적절하게 대응하지 못하게 될 것이고, 이는 결국 경쟁에서 뒤처지게 되는 것을 의미합니다. 그래서 저는 결과가 더 중요하다고 생각합니다.

면접관의 의도가 선택되지 않은 것에 대한 공격에 그 핵심이 있다면, 지원자는 이미 그 반대되는 부분의 속성까지 파악하여 답변을 완료한 것이다. 소위 '균형 잡힌 시각과 다양한 관점을 수용하는 태도'를 어필하게 되는 것이다. 그리고 이는 상당한 고득점의 요소가 된다. 압박상황은 면접의 전세를 역전시킬 수 있는 기회이다. 위의 사례를 기준으로 궁리하고 연습해보자.

직무/역량면접 전략 대응

물건 값에만 명세서가 있는 것은 아니다

각 회사에서는 사업의 특성에 따라 업무의 흐름을 정의하고 업무별로 필요한 일을 수행할 적합한 인재를 확보하고 육성하는 것이 인사의 기본적인 원칙이다. 따라서 각 회사에서는 직무명세서(or 직무기술서)를 각 직무별로 작성하여 보유하고 있다. 이러한 직무명세서에는 주요 업무, 대표 업무활동, 발생주기, 필요요건(지식, 스킬)과 필요역량, 협업조직을 정의하여 인재 확보부터 인재 평가, 인재 육성에 이르기까지 전체적인 인사 분야에 활용하고 있다.

이러한 상황이라면 취업준비생은 본인이 지원하는 회사의 직무명세서를 미리 보고 자기소개서를 작성하고 면접을 준비하면 너무 좋을 것이다. 그러나 현실은 그렇지 않다. 취업준비생들은 본인이 희망하는 직무의 명세서를 어떻게라도 예상하고 취업을 준비해야 할 것이다. 특히 면접에서는 직무 수행 시 필요로 하는 요건(지식, 스킬)을 질문하고 답변내용에 따라 검증하고 있다. 더 나아가 더욱 더 발전된 채용기법을 활용하는 회사에서는 각 직무별로 필요로 하는 지식과 스킬을 검증하기 위한 질문을 사전에 작성하고 이에 대해 집중 확인하고 있다. 특히 이공계 출신들이 많이 희망하는 연구개발, 생산기술분야는 이러한 검증절차가 더욱 까다롭다.

동전계수기의 알고리즘을 그려보자

회사마다 인재 정책이 다르지만 직무 수행능력을 매우 중요하게 생각하는 회사들이 늘어나는 것이 최근 채용의 흐름이다. 그러다 보니, 면접자들이 희망하는 직무를 수행할 만한지 검증하고자 면접 질문이 더욱 더 어려워지고 있다. 특히, 소프트웨어 개발자의 경우에는 문제를 해결하는 절차 및 방법을 잘 설계할 수 있는지 확인하고자 '동전계수기 알고리즘을 화이트보드에 플로우 차트로 그려보세요'라는 질문을 하고 로직을 설명토록 한다. 이러다 보니 알고리즘 관련 질문에 많은 지원자들이 당황하고 제대로 풀지도 못하는 경우가 수두룩하게 발생하고 있다. 비단, 앞에서 설명한 소프트웨어 개발자 사례뿐만 아니라 기구설계 개발자에게는 '3D 기구설계를 해 볼 수 있는지, 어떤 프로그램을 활용해 봤는지, 활용수준이 어느 정도인지 하나하나 꼼꼼하게 체크한다.

이공계뿐만 아니라 경영지원분야도 마찬가지다. 재무회계를 희망하는 지원자에게는 B/S, P/L을 활용한 기업의 재무상태 분석이 가능한지, 손비 인정에 해당하지 않는 것들은 무엇이 있는지, 한국회계표준과 국제회계표준(IFRS)의 차이점은 무엇인지를 질문하여 해당 지원자의 전문성을 검증한다. 어떤가? 모든 직무를 예로 설명하지 못했지만, 만일 앞에서 얘기한 질문을 받는다면 답변을 명확히 잘할 수 있을 것 같은가? 아마 평소에 학업공부를 충실히 하고 희망하는 직무에서 필요로 하는 지식과 스킬이 무엇인지 알고 취업 준비를 많이 한 지원자 30% 정도만 가능할 것이다.

혹자는 대학생을 '들은 적은 있으나 설명할 수 없는 부류'라고 정의한다. 다소 우스운 표현일 수 있으나 취업준비생들을 만나보면 충분히 공감 가는 얘기가 아닐 수 없다. 따라서 취업준비생들은 하나라도 정확하게 숙지하고 이를 간결하게 설명할 수 있는 준비를 해야 한다. 보다 더 욕심을 부린다면 단순히 책에 있는 내용이나 인터넷에서 검색한 것을 달달 외우기보다는 본인만의 정의로 해석한다면 Good Answer가 될 가능성이 높다.

야구선수 중 수위타자는 고작 3할대다

면접장에 들어가서 면접관에게 인사할 때, 쩌렁쩌렁한 목소리로 "안녕하십니까"라고 외치고 시작하는데 2, 3개의 질문을 주고받는 사이 지원자의 목소리는 모기 목소리가 되곤 한다. 그리고는 면접이 원활하게 진행되고 있지 않음을 스스로 판단하고 반 체념을 한다. 2016년 브라질 올림픽 펜싱종목에 출전한 박상영 선수가 결승전에서 "난 할 수 있다"라고 스스로 주문을 걸어 역전승을 하는 장면을 보고 모든 국민들이 감동을 받았듯이 끝나기 전까지는 끝난 것이 아니다. 마찬가지다. 면접이 끝날 때까지 끝난 것이 아니다.

만일 면접에서 10개의 질문을 받는다고 하면 10개 모두 완벽하게 답변을 하겠다고 생각하는 것은 상당한 자만심이다. 또한 어느 퀴즈 프로그램처럼 1단계부터 10단계까지 난이도가 높아지는 질문을 하지 않는다. 첫 질문부터 난이도 8, 9단계의 질문이 나올 수도 있는 것이다. 그런데 면접 초반 질문부터 답을 잘하지 못했다고 포기하고 머리속으로 '다음 면접이 어디지?'라고 생각한다면 면접결과는 불 보듯 뻔하다.

1982년에 시작된 한국 프로야구의 35년간 최고 타율은 백인천 감독 겸 선수의 4할1푼2리로 아직까지 이 기록은 깨지지 않고 있다. 즉, 35년 중 유일하게 한 해를 제외하고는 34년 동안 3할대 타자가 수위타자였다. 물론 면접을 야구와 직접 비교하기는 어렵지만 모든 질문에 답변을 해야 하는 강박관념(?)은 버려야 하고 면접장을 나오는 그 순간까지 최선을 다해야 할 것이다. 희망하는 기업에 한 번의 면접에 합격하면 좋겠지만, 사회에 첫발을 내딛는 신입들에게 크게 중요한 것은 아닐 것이다.

면접장에서의
자기 어필방법

면접, 남보다 더 달라 보일 수 있는 방법이 필요하다

면접장은 상당히 전투적인 공간이다. 이미 서류가 통과된(물론 인·적성검사가 있다면 이를 통과한) 서로 '비슷한' 수준의 지원자들끼리 서로 치열하게 경합해야 하기 때문이다. 지원자의 입장에서 보면 면접장에서 만나는 지원자들의 수준은 결코 동등하게 느껴지지 않을 수 있다. 특히, 내가 따지 않은 자격증을 옆에 앉은 지원자가 가지고 있거나, 내가 하지 않은 인턴을 다른 지원자가 어필할 때 이와 같은 느낌을 더욱 더 실감하게 된다.

면접장에서 자신이 돋보이지 않는다고 느껴지는 경우는 크게 두 가지로 요약될 수 있다. 자신에게 아직 기회가 오지 않았거나, 이미 기회가 왔지만 그 기회를 적절하게 파악하지 못했던 경우가 이에 해당한다. 이 중 자신에게 기회가 오지 않았음을 판단하는 기준은 의외로 간단하다. 자신에게 아직 질문을 하지 않은 경우가 이에 해당하기 때문이다. 그리고 기회를 놓쳐버린 경우도 판단하기 쉽다. 어느 정도 시간이 지났을 때 나에

131

대한 질문 자체가 끊겨 버린 것을 느낄 수 있기 때문이다.

물론, 혼자 들어가는 면접의 경우에는 이와 같은 현상은 있을 수 없다. 하지만 단지 옆에 앉은 다른 경쟁자가 없을 뿐이지 내가 합격하거나 아니면 떨어지거나 하는 면접의 속성에는 그리 큰 차이가 없을 것이다. 여럿이 들어가는 면접의 속성이 다른 지원자와의 '비교'에 있다면, 내가 조금 더 달라 보일 수 있는 방법을 찾는 고민을 하면 될 것이다. 그리고 그렇게 찾아낸 방법을 면접장에서 적극적으로 활용하면 된다.

직무와 연결시켜라

최근의 면접 트렌드는 결국 직무에 있다. 오죽하면 '기승전직무'라는 말까지 있겠는가! 적극성이니 도전성이니 이와 같은 추상적이고 듣기 좋은 역량은 이미 모든 지원자들도 가지고 있는 것들이기에 차별성을 이끌어내기가 쉽지 않다.

초반에 일반적인 질문만 받다가 이후 질문 자체가 끊겨 버리는 지원자들이 많다. 지원자 자신은 왜 이런 상황이 자신에게 생긴 건지 어리둥절하겠지만 면접관의 관점에서 보면, 그리고 직무 어필의 관점에서 보면 의외로 답은 간단하다. 한마디로 '개념'이 없기 때문이다. 면접을 면접관과 주고받는 토크쇼라고 생각하지 마라! 면접관은 면접관의 업무를 수행하고 있는 것이기에 면접관의 모든 질문에는 '의도'가 숨겨져 있다고 판단하는 것이 맞는 것이다.

만일, 면접관이 대학생활 중 가장 보람 있었던 경험을 말해보라 한다면, 이런저런 경험을 통해 좋은 친구를 사귈 수 있었다는 등의 인생의 보람을 이야기하면 안 된다. 면접장은 인생을 이야기하는 곳이 아니기 때문이다. 자신의 대학생활 경험 중 가장 보람 있었던 경험은 앞으로 자신이 하게 될 직무에 도움이 되는 경험이어야 한다. 지금 우리는 취업을 위한 면접을 보고 있음을 잘 기억해야 한다.

직무현장에서 만나게 될 상황을 어필하라

사실, 직무가 중요하다는 것은 어제 오늘의 일이 아니다. 따라서 어느 정도 인식 있는 지원자들 또한 직무에 초점을 맞춰 면접을 준비하는 경우가 많다. 이와 같은 상황에서라면 단순하게 '나도 직무가 중요하다는 거 잘 안다' 식의 어필은 한계성이 있게 마련이다. 이때보다 더 적극적으로 자신을 어필할 수 있는 노하우로는 자신이 앞으로 만나게 될 직무의 상황을 중심으로 답변을 이끌어가는 방법이 있다. 즉, '이와 같은 경험은 앞으로의 직무에 많은 도움이 될 것입니다'라는 일반적인 표현이 아닌, '이와 같은 경험은 앞으로 악성재고를 처리하는 상황에서, 해당 재고를 중국 업체에 매각하여 현금을 확보하는 상황에 특히 도움이 될 것입니다'라고 답변하는 것이다.

면접이 직무 중심으로 진행되는 만큼, 이와 같은 지원자의 답변은 그 디테일에서 다른 지원자와 확실한 차별성을 갖게 되어 면접관들에게 좋은 평가를 이끌어내게 된다.

면접을 전반부와 후반부로 나누어 판단하라

별다른 이유 없이 초반부터 관심을 받지 못하는 경우가 있을 수 있다. 면접관이 질문을 해야 비로소 지원자가 답변을 할 수 있는 구조이기에 질문이 없게 되면 참으로 난감할 수밖에 없다. 이와 같이 만에 하나 있을지도 모르는 극단적인 상황에 대비하기 위해서 면접을 전반부와 후반부로 나누어 접근하는 감각을 키워야 한다. 즉, 자신이 전반부에 면접관에게 특별한 관심을 받지 못했다면, 후반부에는 이판사판의 절박한 마음을 갖고 다른 지원자의 답변에 '개입'하라는 것이다. 만일, 후반부에 자신이 아는 내용을 다른 지원자가 제대로 답변하지 못하는 경우가 있다면, '면접관님, 죄송하지만 방금 질문에 제가 대신 답변 드려도 되겠습니까?' 라는 어필을 할 수도 있고, '면접관님. 죄송하지만 방금 지원자의 답변에

제가 한 가지만 보충설명을 추가해도 되겠습니까?'라고 차라리 들이대
라는 것이다.

면접관의 공통된 의견을 살펴보면, 면접 전반부에 관심을 갖지 못한 지
원자는 후반부까지 그 모양새가 계속 이어지는 경향이 강하다고 한다. 어
설픈 미소만 지으며 옆 사람 이야기에 고개 끄덕이고 면접을 끝내기에는
그동안의 준비과정이 너무나 억울하다. 차라리 이런 식으로 자신의 적극
성을 어필하는 것이 역설적으로 좋은 평가를 이끌어낼 수 있는 요소가 되
기도 한다. 그 누구나 적극적인 사람을 싫어하는 사람은 없고, 면접도 결
국 사람이 보는 것이기 때문이다.

기업에 대해 말하라

'면접장에 있는 그 누구보다, 심지어는 면접관보다 더 기업에 대한 정
보를 잘 이야기할 수 있다면 이길 수 있다!'라는 말이 있다. 이와 같은 지
원자의 태도는 기업에 대한 관심과 애정이 그 바탕에 있기 때문이다.

여러분들이 만나는 기업의 면접은 신입직원을 채용하는 면접이다. 즉,
해당 경력이 없는 지원자를 선별해야 하는 상황에서 사실상 '학생'인 여러
분들에게 요구하는 것은 '직무에 대해 알고 있는가?'와 '우리 기업에 대한
애착'이 면접관들이 갖는 궁금증의 핵심을 이룬다. 직무가 중요함은 이미
여러 번 이야기했으니, 다음으로 어필해야 할 것은 결국 기업의 정보밖에
없는 것 아닌가? 면접을 앞두고 그 기업에 대해 5분간 쉬지 않고 설명할
수 있는지 스스로 돌아보는 태도가 필요하다.

토론면접은 무조건 시사이슈가 출제되는가?

우선 토론의 기본 취지를 우리가 명확히 알아야 한다. 토론의 취지는 '무조건 상대방을 이기고 나의 존재감을 가지고 가야 하는가?'라는 부분을 이해해야 한다. 과연 맞을까? 그렇지 않을 것이다. 토론의 기본은 나의 생각과 상대방의 생각을 충분히 공유하고 절충해서 새로운 방향성을 모색하고 더 나은 대안을 찾는 과정인 것이다. 그렇기 때문에 일반적인 경향은 토론 주제로 시사이슈적인 주제를 주는 경향을 보이지만 꼭 그렇지는 않은 것이다. 실질적으로 토론면접과 유사한 협상면접, 토의면접을 보면 시사적인 내용 외에 다양한 상황을 부여하고 이에 대한 각자의 의견을 듣고자 한다. 그렇다면 각각의 유형별 성격을 보고 어떤 내용의 이슈가 중요한지를 살펴보기로 한다.

토론면접

시사상식적인 내용이 주를 이룬다. 예를 들어 최근 이슈 중에 '사드 배치, 철회할 것인가 아니면 유지할 것인가?' 해당 내용은 현재 우리 사회에서 핫이슈이다.

과거에는 '담배값 인상에 대한 찬반토론'부터 '셧다운제' 등 해당 시대를 대표하는 주제들이 주류를 이루었다. 이 주제들을 어떻게 다루느냐도 중요하지만 가장 중요한 이슈는 실질적으로 토론을 통해서 충분히 상대방의 의견을 경청하고 본인의 의견을 잘 표현하느냐의 관점이다. 주제를 의식하기보다는 토론을 할 때, 경청, 설득력, 팀워크를 잘 보여주도록 하고 적극적으로 토론에 임한다면 분명 좋은 결실을 얻을 수 있다.

● 최근 토론이슈 주제

- 종교인 과세에 대한 찬반토론

- 상속법 개정에 대한 찬반토론

- 블랙컨슈머 대응에 대한 찬반토론

- 공유경제에 대한 찬반토론

협상면접

협상면접의 경우는 시사이슈적인 것을 주제로 주지 않는다. 직무와 연관된 상황을 주기도 하고 정답이 없는 주제를 주기도 한다. 예를 들어 '생산량이 증가하여 100만 대를 추가로 생산해야 하는데 현재 불량률이 7% 상승하고 있다'라는 예시와 구간대를 주고 지원자들을 A, B조로 구성해서 서로의 대표자를 선출해서 충분히 팀별 논의를 하고 해당 내용에 대해 협상을 진행한다. 또는 '지구가 곧 멸망을 하는데 우리가 미래를 위해 10년간 운행할 우주선이 준비되었고 새로운 행성으로 갈 수 있다. 단 5명만 우주선에 탈 수 있다. 어떤 사람을 태울 것이냐?' 하면서, 물리학자, 생물학자, 50대 남자, 그의 아내, 40대 경찰 등 인원이 주어진다. 팀별 회의를 통해 결정 후 상대방 팀과 협상하는 과정을 진행한다.

이렇게 협상면접의 경우는 실질적으로 시사이슈와는 무관하게 나온다. 또한 이것을 해결하기 위해 각각의 팀이 협상하는 것을 보는데 가장 중요한 핵심은 이기고 지는 것이 아니라 협상의 타결이 가장 좋은 대안이 된다. 즉, 실제 기업면접 시 협상에서 지면 떨어진다고 생각하는데 절대 그렇게 생각하지 말자. 상대에게 뭔가를 주더라도 협상을 이끌어내도록 노력하는 것이 훨씬 더 유리한 경우를 많이 보았다.

● **협상면접 사례**

식품업계 1위인 종합식품회사 A는 한국에서 가장 유명한 영화관 B에서 한식 푸드쇼를 개최하려 한다. A는 B를 대관하여 한식 푸드쇼를 개최하고, 두 업체가 원활한 개최를 위해 협상해야 하는 항목은 다음과 같다.

1) 대관시간, 2) 대관시간 초과 시 시간당 초과비용, 3) 주차비 4) 진행요원

위의 항목에 대해 데이터가 주어지고 서로 협상하도록 하고 유리하게 하는 쪽이 이기게 된다.

토의면접

이 면접도 토론면접과 유사한 면접으로 대부분은 기업의 업무에서 일어날 수 있는 상황을 통해 주제를 부여하고 면접자들이 토론하는 과정을 보면서 관찰면접을 통해 평가하는 방식이다. 상대방의 의견을 얼마나 잘 경청하고 적절한 타이밍에 본인의 의견을 피력하는지, 토의를 통해 최적의 솔루션을 도출해 내는지를 보는 면접이다. 위의 면접과 마찬가지로 나의 의견만을 주장하는 것이 아닌 상대방 의견을 잘 듣고 경청하고 좀 더 구체적인 안을 만드는 것이 중요하다.

● **최근 토론이슈 주제**

• 김영란법이 당사 업종에 미치는 영향과 대응 전략

• 혼밥/혼술문화에 대한 회사 대응 전략

• 금융과 IT기술 접목방안 토의

• AIIB에 대한 논의 및 대응 방안

• 조직변화에 따른 거부감 최소화 방안

결론적으로 토론면접에서 시사이슈가 주로 나오고 협상면접은 직무에서 일어날 수 있는 갈등상황, 또는 가상의 상황, 토의면접은 업무 또는 시사이슈가 나올 수 있다. 이들 면접에서 중요하게 평가하는 것은 주제의 중요성보다는 면접을 진행하면서의 적극성, 경청, 논리력, 설득력이 중요한 포인트가 된다는 점을 명심하자.

토론면접에서 '공격형 인간'으로 평가받지 않는 방법은?

왜 토론면접을 하는가?

토론면접이 실전면접에 도입된 시기는 아마도 저자가 S그룹에 입사할 시기인 1980년대 초로 기억된다. 지방대학 출신인 저자는 면접장에 도착해서야 인사담당자로부터 토론면접을 진행한다는 설명을 들었다. 토론면접이 어떻게 진행되는지도 모르고 상경한 저자는 서울 소재 대학교를 다녔던 동기들로부터 토론면접에 대한 개략적인 내용을 들을 수 있었다.

기억을 더듬어 보니 당시 주어졌던 토론 주제는 '상사가 부당한 명령을 했을 경우, 수용하겠는가 불복하겠는가? 이에 대해서 토론하시오' 그리고 '지리산에 관광케이블카를 설치하는 문제에 대한 찬반토론을 하시오' 하고 2가지 주제가 주어졌던 것 같다. 당시 저자가 속한 조는 전자의 주제로 열띤 토론을 했던 것으로 기억하고 있다. 그 후, 35년여가 흐른 지금에까지 토론면접이 시행되는 것을 보면 인재를 평가하는데 있어서 토론면접이 중요한 도구임에는 틀림없는 것 같다.

인재를 채용하는 실전면접에서 회사는 인성면접, 프레젠테이션면접 그리고 토론면접을 통해 대인관계역량, 사업수행역량, 성과관리역량, 자기기반역량 그리고 지원자의 자세와 태도, 인성 등을 평가하고 있다. 기업이나 공공기관에서 여러 면접유형을 통해서 일하는 데 요구되는 능력을 평가하고 있는 것이다. 그러면 면접관은 토론면접을 통해 어떤 능력을 평가하고자 하는가?

회사나 공공기관 등 조직은 부서의 각 구성원들이 공동체 의식을 갖고 함께 노력함으로써, 조직의 목표를 달성하기 위해서 존재한다. 따라서 통상 조직은 라인부서라 할 수 있는 영업, 생산부서와 스텝부서라 할 수 있는 관리, 기획, 연구부서가 서로 정보를 교환하고 각 부서의 미션을 수행함으로써 궁극적으로 조직의 목표를 달성한다. 이러한 조직의 목표를 달성하기 위해서 부서 구성원들 상호 간에 존중과 배려 그리고 긴밀한 의사소통이 필요하다. 조직 전체가 아름다운 조화를 이루어 조직의 목표달성이라는 한 방향으로 움직일 때 건강한 조직이라고 할 수 있다. 또한 현대사회가 요구하는 리더십은 산업화 시대에 고도성장을 가능하게 했던 강력한 카리스마의 리더십이 아니라, 본인에게 주어진 업무범위 내에서 타인을 존중하면서 묵묵하게 본인의 역할과 책임을 다하는 서번트(Servant) 리더십을 요구하고 있다. 이런 시대적 요구로 면접관은 토론면접을 통해 지원자가 상대방의 의견을 경청하면서 존중하고 배려하는지, 그리고 본인의 생각과 의견을 논리적으로 잘 설명함으로써 공감을 얻기 위해 노력하는지를 평가하고자 하는 것이다.

공격형 인간으로 평가받지 않으려면?

토론면접을 하는 이유는 상대방 의견을 경청하면서 존중하고 배려하는지 그리고 본인의 의견을 논리적으로 설명함으로써 각 구성원들에게 공감을 얻으려고 노력하는지를 평가하는 자리이다. 그럼에도 불구하고 토론을 하면서 상대방의 말꼬리를 붙잡고 심하게 공격을 하거나, 주제에서 벗어난 내용으로 열을 올리고, 삿대질을 하면서 감정적으로 흐르는 공격형 토론을 보인다면 치명적인 면접결과를 초래할 것이다. 따라서 공격형 인간으로 평가받지 않고 본인이 원하는 좋은 평가를 받으려면 상대방의 의견을 경청하고 존중하고 배려하면서 논리적으로 나의 의견을 피력해야 한다. 모의토론을 시작하기 전에 경청이 중요하다고 누누이 설명을 하지만 막상 토론에 들어가면 토론자들의 시선은 책상 위에 놓인 메모지를 향하고 있다. 상대방의 말이 끝나기가 무섭게 멋지게 반박할 거리만을 생각하고 메모하는 데만 몰두하는 것이다. 상대방의 눈과 아이콘텍을 유지하면서 고개를 끄덕이고 상대방의 의견이 끝나면 상대방의 의견을 내가 정확하게 들었는지 이를 요약해서 다시 확인하는 경청이 반드시 필요하다. 그래서 다음과 같이 토론을 이끌어 가면 어떨까 제안해본다.

최수철 씨 방금 하신 말씀이 '수학능력이 떨어진 학생의 학습능력을 제고하고 이탈을 방지하기 위해 학습부진아 별도반을 운영하자'는 말씀이시죠?(상대방의 의견을 내가 잘 경청했는지 확인하기 위해 반복, 요약한다) 저 역시 학습부진아를 위한 별도반을 편성하여 운영하는 것은 학습능력을 제고하는 데는 어느 정도 성과가 있을 것이라고 생각합니다만(상대방 의견을 존중하고 배려), 이로 인해 "학생과 부모님에게 불필요한 열등감을 주지 않을까?' 하는 의구심이 듭니다. 따라서 이보다는 한 학급 내에서 공부를 잘하는 학생과 부진한 학생들이 서로 짝을 이뤄서 함께 공부하는 분위기를 만들면 우정도 쌓이고 학교생활도 재미있게 꾸려나갈 수 있지 않을까 생각합니다.(나의 의견을 논리적으로 설명한다)

토론면접을 하면서 본인의 의견을 피력하는 기회는 많으면 5~6회 정도에 달한다. 아마도 5~6회 중에 2~3회만이라도 위와 같이 본인의 의견을 피력하면서 진지한 태도와 자세로 임한다면 좋은 평가를 받을 수 있을 것이다.

토론면접 시
토론에 임하는 자세

때로는 형식이 내용보다 중요하다

'100분 토론', '밤샘 토론', '끝장 토론', '대학생 토론 배틀', '대선후보자 토론' 등 다양한 방식과 내용으로 토론이 우리에게 가까워진 듯 보여도 막연히 눈으로 보고 귀로 듣는 것과 실제 토론장에서 참여자로서 의견을 주장하는 것은 천양지차다.

토론은 일반적인 의사소통방식과 다르게 하나의 논제에 대해서 여러 사람이 모여 논쟁을 펼치다 보니 자연스럽게 과열되는 현상이 발생한다. 이러한 상황에 적절하게 대처하는 자세가 무엇보다 중요하다. 아마도 토론을 지켜본 취업준비생들이라면 전문분야에 대한 지식이 있고 없음을 떠나서 토론에 참여하는 토론자들의 말과 행동에서 부적절하거나 올바르지 못한 것을 발견하고 이에 대해 비판을 한 경험이 있을 것이다. 이렇듯이 토론에 임하는 자세는 자신이 주장하는 바를 논리적으로 설명하는 것 이상으로 토론면접의 중요한 평가기준으로 적용된다.

회사의 회의(會議)는 회의(懷疑)적이다

　회사에서 하는 일의 50% 이상이 회의(會議)라고 할 정도로 회의(會議)가 정말로 많다. 그런데 많은 것 자체가 문제가 아니라 이러한 회의(會議)들이 시간만 잡아먹지 특별한 성과를 내는 경우가 많지 않다는 것이 문제다. 그렇다면 '왜 회의(會議)가 제대로 기능을 수행하지 못할까' 하는 데에 우리는 한번 회의(懷疑)적인 시선을 보낼 필요가 있다. 이유야 여러 가지가 있겠지만 회의에 참여하는 직원들의 자세가 올바르지 않은 경우가 큰 비중을 차지한다. 이러다 보니 어떤 회사들은 직원들에게『30분 회의』, 『회의 없는 조직』,『회의의 기술』등의 책을 읽고 학습토록 하며, 몇 시간씩 교육을 시키기도 한다. 그도 그럴 것이 신입사원들 중에 대학교에서 토론, 토의를 많이 경험하여 몸에 체득한 경우가 별로 없기 때문에 회사에 입사하여 비로소 배우게 되는 것이다. 회사는 이러한 회의(懷疑)적인 회의(會議)를 할 수도, 안 할 수도 없는 상황에 직면해버린 것이다.

　토론에 임하는 자세 중에 가장 첫 번째로 문제가 되는 것은 소극적 자세다. 즉, 토론에서 아무런 의견을 제시하지 않고 묵묵히 자리만 지키고 있는 유형이다. 이런 경우에 평가를 어떻게 해야 할까? 결과는 자명하다. 발언의 횟수가 없거나 적은 경우에는 토론 참여도 측면에서 마이너스 점수를 받게 된다. 이러한 유형은 주로 성격이 내성적인 경우가 많은데 성격이 내성적인 것과 자신의 주장을 얘기하는 것은 다르다. 모든 것을 성격 탓으로 돌릴 수는 없다. 무엇이든 자연스럽게 이루어지는 것은 별로 없다. 스스로 생각하고 의도적으로 행동해야 원하는 무엇인가를 얻을 수 있는 것이다.

　두 번째로 문제가 되는 것은 너무 적극적으로 임하는 자세로서, 혼자서 대부분의 발언을 독차지하는 경우다. 회사에서 회의를 하는 이유는 각 기능별로 고유의 업무를 수행하는 직원들로부터 다양한 의견을 청취하고 그중에서 가장 최적의 솔루션을 찾고자 하는 것이다. 그런데 일부 1~2명이 잘난 척하며 말하고 또 말하는 것을 반복한다면 회의에 참여한 직원들은 어떻게 생각할까? '잘난 네가 다 해처먹어라' 하는 식의 반응을 보일 것이다. 옛말에 '과유불급(過猶不及)'이라고 했다. 과하면 부족함만 못하다는 뜻으로 토론면접에서는 너무 오버하지 않아야 한다. 토론은 이기고 지는 것이 아니라 함께 협업하는 절차임을 결코 잊지 말아야 한다.

발언의 횟수 = 토론면접시간 ÷ 참여자 수

토론면접 참여도는 1차적으로 발언의 횟수로 참여 정도를 평가한다. 일반적으로 회사에서 실시하는 토론면접은 30분 내외며, 토론면접 역시 가능한 한 두괄식 표현을 사용해야 하므로 한 번의 발언시간은 1분(60초)를 넘기지 않는 것이 좋다. 따라서 30분이면 총 30번의 발언횟수가 가능하므로 토론면접 참여자 수로 나누면 토론면접 참여자 1인이 발언해야 할 횟수가 계산된다. 예를 들어 토론면접 참여자가 8명이라면 3~4회 정도의 발언횟수가 나오게 되는 것이다. 따라서 3~4회에 너무 못 미치거나 너무 넘어서지 않는 범위 내에서 발언을 해야 하는 것이다. 다음으로 발언의 시점 또한 중요하다. 통상적으로 토론면접을 시작하면서 첫 발언을 하고, 10~ 20분 사이에 2번의 중간발언을 하고, 마지막으로 최종발언을 하면 된다.

메모지만 봐도 당락 결정이 가능하다

한 회사에서 실제로 있었던 일이다. 토론면접을 진행하면서 준비물로 필기구와 메모지를 제공했다. 그리고 토론면접이 다 끝난 후에 메모지에 이름을 쓰라고 하더니 메모지를 가져갔다. 걷은 메모지는 각양각색이었다. 한 면접자는 그림을 그려놓기도 하고, 중구난방으로 메모를 해서 뭐가 뭔지 잘 모르겠는 경우도 있는 반면에 어떤 면접자는 메모지에 줄을 그어 찬반을 나눠 각각의 의견을 주요 키워드 중심으로 정리해 놓은 경우도 있었다. 어떤가? 메모지 활용도만 가지고 평가를 해도 누가 일을 잘할수 있는 인재인지 한 번에 알아볼 수 있지 않은가. 이렇듯이 면접에 임하는 지원자라면 사소한 것 하나라도 놓치지 않고 평가항목이 될 수 있음을 인지하고 모든 면접에 성실하게 최선을 다해 임해야 한다.

집단토론 결론 도출 노하우

TV 밤샘토론과 실전면접의 집단토론은 어떤 점이 다른가?

우리는 TV를 통해 한 분야의 전문가인 패널들을 모시고 '시사토론'을 진행하는 프로그램을 종종 시청한다. 물론 이러한 프로그램은 방송사에서 특정 사안이나 이슈에 대해서 사회의 이목을 환기시키는 정도의 기능을 수행하는 데 그치지 않고, 그 분야의 해박한 전문지식을 가진 전문가들의 식견을 통하여 해결방안을 모색하기 위해 마련된다. 하지만 대부분의 시사토론 프로그램은 상호 대립적 견해와 주장들만 제기된 채 전혀 해결의 방안을 제시하지 못한 상태로 끝나는 경우도 있다. 이러한 경우에도 대립적 견해가 제시되고 해결방안을 모색하기 위해 공론화를 시도했다는 자체만으로 의미가 있다고 평가하기도 한다.

실전면접에서 행해지고 있는 집단토론면접은 어느 주제나 사건에 대해서 합일점이나 결론을 도출하는 것도 중요하지만, 그보다는 면접자들이 토론에 임하는 자세와 태도를 평가하기 위함이다. 그럼에도 불구하고 일부 면접자들은 본인의 해박한 전문지식을 과시하기 위해 남의 의견을 무시하고 자기주장만 앞세우거나 상대방을 무시하고 지나친 행동을 보임으로써 토론 분위기를 흐리는 경우가 있다. 이를 지켜보고 있는 면접관은 아무런 반응을 나타내지 않지만, 조직 구성원으로서 기본적인 자질과 태도를 갖추지 못한 사람, 조직에 해가 되는 사람, 적응하는 데 문제가 되는 사람으로 평가되어 탈락의 고배를 마시게 된다.

토론면접은 상대방을 설득하여 토론에서 이겨야 한다?

토론면접을 지도하다 보면 대다수 면접자들이 '어떻게 하면 해박한 지식과 정보 그리고 논리로써 상대방을 설득하고 굴복시켜서 멋지게 이길 수 있을까?' 하는 데만 골몰해 있는 것을 볼 수 있다. 하지만 토론은 설득하는 게임이 아니고, 이기는 게임은 더더욱 아니다.

설득이란 상대방의 이성과 감정에 호소해서 심리적 동의를 얻는 것이다. 즉, 어떤 방식을 통해서든지 상대방의 마음을 움직이고, 결국 내 뜻과 함께하는 것이 설득이다. 따라서 설득하기 위해서는 많은 노력과 시간을 요한다. 이에 반하여 집단토론에서 주어지는 시간은 보통 30분에서 길어야 40분이다. 그리고 다수가 참여하기 때문에 내가 토론에 참여하여 발언 기회를 얻을 수 있는 횟수나 시간은 극히 제한적이다. 따라서 상대방을 설득하겠다는 발상은 매우 위험하고 불가능한 일이다. 이보다는 어떻게 하면 나의 주장을 논리적이고 객관적으로 전달하여 상대방에게 공감과 지지를 얻을 수 있을까를 생각해야 한다.

집단토론면접은 30분 만에 결론을 도출해야 한다

앞에서 언급했듯이 사회적 이슈 등을 주제로 TV에서 사회 각계의 전문가가 출연하여 심야토론을 진행하는 것은 사회적 이슈에 대하여 여러 다양한 생각과 문제점을 표출하여 사회적으로 공론화를 시키기 위함이다. 하지만 실전면접에서 진행하는 집단토론은 토론하는 자세와 태도를 평가하기 위해 실시한다. 또한 주어진 토론시간을 잘 지켜 마무리하는 것도 평가점수에 포함된다. 이를 위해서는 토론장에 입장하기 전에 나름대로 주어진 시간을 어떻게 활용할 것인지 논의하고 그 결과를 조원들과 공유해야 한다. 가령 40분의 토론시간이 주어졌다고 하면 조장 선출과 역할 분담 그리고 모두발언까지 10분, 본격적인 토론 진행 25분, 마무리 발언 및 결론 5분으로 대략적인 시간활용계획을 수립하여 조원들은 이를 공유하고 토론에 임해야 한다. 또한 주제에 대한 찬성과 반대 의견을 표출하는 데 너무 매몰되어서는 곤란하다. 각자 모두발언이 끝나고 본격적인 토론을 하다 보면 분명히 절충안을 제시하거나 합일점에 이를 수 있는 참신한 의견을 제시하는 토론자를 볼 수 있다. 바로 이를 놓치지 않고 사회자나 토론자 중 한 사람이 "최수철 씨께서 조금 전에 하신 말씀이 제가 생각하기에는 좋은 의견이라고 생각합니다. 이에 대해 우리가 좀 더 시간을 가지고 심도 있는 의견을 나누었으면 좋겠습니다" 하고 새로운 방향으로 토론을 이끌어 나감으로써 합일점이나 절충안을 찾아가는 사람이 좋은 평가를 받는다.

대다수 토론자들은 본인의 의견에만 신경 쓰다 보니 이를 인식하지 못하고 그냥 지나쳐 버린다. 그리고 계속 반대와 찬성 의견만 제시하다 보니 토론은 평행선을 달린다. 아마도 25분이라는 시간은 훌쩍 지나가고 어느새 토론을 마쳐야 하는 시간에 도달하게 되면 토론자도 사회자도 당황하게 되면서 제대로 마무리도 하지 못하고 토론을 마치는 경우를 흔하게 볼 수 있다. 집단토론면접의 성패는 구체적으로 토론시간 25분을 어떻게 활용할 것인가에 달려 있다. 본격적인 토론을 시작한지 15분 정도 흐른 후에는 합일점을 찾기 위해서 노력하고, 그 합일점에 대해서 10분 정도 집중적으로 토론을 거친다. 5분을 남겨 놓고는 순차적으로 토론 참여자의 마무리 발언을 진행한 다음, 사회자가 토론에서 논의되었던 쟁점들을 정리하고 절충안을 제시하면서 토론을 마무리하는 것이 좋다.

PT면접 주제는 지원 기업의 최근 관심사에서 나온다

PT면접은 지원자가 가진 전공의 지식을 앞으로 자신이 하게 될 직무에 얼마나 적절하게 응용할 수 있을지에 대한 감각과 실력을 보기 위해 만들어진 면접이다. 따라서 PT면접에서 나오는 문제는 대부분이 전공과 직무 또는 기업의 특수한 상황을 배경으로 만들어진다. 이때 지원자가 기억해야 할 사항은 PT면접의 주제는 결국 그 기업에 소속된 실무자들이 만든다는 사실이다. 즉, 그 기업에서 진행 중이거나 그 기업의 관점에서 중요한 그 어떤 것이 PT면접의 주제와 밀접하게 연관되게 된다. 안타깝게도 이 부분은 전공과 직무를 떠나 기업분석의 영역이다.

결국 PT면접의 핵심은 자신이 지원하는 그 기업의 특수한 사정을 전공적 지식 또는 직무의 관점으로 적절하게 풀어내는 것을 요구하는 면접이라고 정의할 수 있다. 단편적인 면접이 아닌 고도로 종합적인 면접의 모습을 갖추고 있는 것이다.

현장 PT면접 질문으로 보는 지원기업의 관심사에 접근하는 법

예를 들어, 다음과 같은 PT면접의 문제를 보자. 실제 출제됐던 이공계 주제이다.

● PT문제

설비에서 챔버 안에 히팅 에어리어가 존재하는 하우징이 있는데, 고열로 인한 열 변형 문제가 심각한 상황이다. 이때 열 변형을 최소화 할 수 있는 방법을 제시하라.

실제로 이 기업은 이 주제가 출시될 당시 자사의 대표 제품의 심각한 발열 문제로 고역을 치뤘던 경험이 있다. 이는 언론에서도 문제가 됐고, 홈페이지에 접속하여 그 당시의 소비자 게시판을 보면 무려 3페이지 이상이 발열 문제로 인한 소비자의 불만이 폭주했던 것을 알 수 있다. 이는 지원자의 입장에서 단순하게 '아는 것이 나왔으면 좋겠다'라는 불투명한 바람이 아닌, '아, 현재 이 기업에서 발열이 문제가 되니 내 전공에서도 발열과 관련된 부분을 집중해서 공부해야겠구나!'라는 인식을 할 때 더욱 더 능동적인 면접이 가능해지는 것이다. 따라서 발열 문제의 해결이라는 것이 왜 문제가 되었는지만 확실하게 규명할 수 있다면, 이를 해결하기 위한 핵심은 무엇인지, 그 핵심에 집중하여 이를 해결하기 위한 방법은 어떤 것이 있는지, 그리고 어떤 결과가 예상되는지에 대한 발표의 논리가 만들어지는 것이다.

이번에는 다른 사례를 보자. 이번에는 물류/유통 전문기업에서 출제됐던 실제 문제이다.

● 제공되는 자료

물류비용 적정화 방안에 대한 논문의 한 부분, 경쟁사의 물류비용과 자사의 물류비용이 비교된 도표, 아마존의 드론 배송 현황 뉴스 기사, 무인택배 시스템의 미래에 대한 전문가의 리뷰 등등

● **PT문제**
제공된 자료를 바탕으로, 우리 기업이 무인 물류 시스템을 새롭게 도입하는데 어떤 요건들을 검토해야 하며, 어떤 절차가 필요한지 지원자의 의견을 제시하시오.

이 당시 이 기업의 상황도 역시 마찬가지였다. 이 문제가 출제되는 시점에서 이 기업은 그동안 계속적으로 '타 경쟁사에 비해서 배송이 늦는 편이다'와 '배송기사가 불친절하다'라는 논란에 휩싸였다. 결정적으로 배송기사 중 한 명이 고객과의 다툼으로 폭행 직전까지 갔던 사례가 SNS를 통해 알려지며 기업의 이미지에도 심각한 타격을 입고 있었다. 더군다나 이때 경쟁업체에서는 공교롭게도 택배 시스템의 자동화를 선언했고 이와 같은 상황에서 기업은 그 당시 상당한 위기감을 느끼고 있었다. 따라서 무인 택배 시스템이 갑자기 왜 튀어나왔는지에 대한 이유가 확실하게 규명된다면, 이후에 진행되는 내용 역시 이를 도입하기 위한 핵심은 무엇인지, 그리고 그 핵심에 집중하여 이를 도입하는 데 가장 중요한 요소는 어떤 것이 있는지, 어떤 부분을 유의해야 하는지에 대한 발표의 논리가 자연스레 만들어지게 되는 것이다.

지원기업에 대한 최근 검색이 성패를 좌우한다
기업에 대해 조금만 검색을 해봤다면 이 기업에 지원하는 지원자는 기업이 처한 상황과 문제를 알 수 있었을 테고, 무턱대고 접근하는 PT가 아닌 '가능성 많은' 그리고 '전략적인' PT면접을 준비하고 대비할 수 있었을 것이다. 이는 단순하게 예상문제를 찍으라고 말하는 것이 아니다. 자신이 지원하는 기업에 대해 그만큼 집중하여 살펴보라는 것을 의미하기 때문

이다. 비록 두 가지 사례를 중심으로 이야기했지만 기업이 제시하는 PT면접 주제를 분석하는 방향성은 결국 같을 것이다. PT면접 주제는 그 기업에서 출제한다는 것을 잘 알아야 한다. 그렇다면, 그 기업이 현재 어떤 것에 집중하는지 그리고 어떤 부분에서 어떤 문제를 가지고 있는지 알아야 한다. 내가 취업해야 할 조직이기 때문이다. 그리고 이는 결국 PT면접에만 국한되는 것은 아닐 것이다. 이와 같은 정보가 정리된다면 인성과 역량면접 나아가서는 토론면접에 이르기까지 모든 상황을 능동적으로 대비하고 대응할 수 있기 때문이다.

PT면접
발표 구조화 노하우

직장생활에서 프레젠테이션능력이 필요한 이유

2011년 7월 6일 남아프리카공화국 더반에서 열린 국제올림픽위원회(IOC) 총회에서 우리나라 대표단은 호소력 있는 프레젠테이션으로 2018 평창 동계올림픽 유치를 이끌었다. 평창이 세 번째 도전에서 '새로운 지평(New Horizons)'이라는 메시지를 IOC 위원들에게 진정성 있게 전달한 결과였다. 유치 이후 한때 누리꾼들 사이에서 '더반의 여신'이라고 불린 나승연 평창유치위원회 대변인은 "김연아 선수, 문대성 IOC 선수위원을 비롯한 팀원들이 각자의 매력과 포인트를 잘 살려 서로에게 할 수 있다는 긍정의 에너지를 주면서 좋은 프레젠테이션을 했다"며 나름의 승리 원인을 분석했다. 또한 한화건설은 지난 2012년 수주했던 이라크 비스마야 신도시 건설 등 국내외 크고 작은 프로젝트 수주에서 뛰어난 프레젠테이션으로 좋은 성과를 거둘 수 있었다.

우리는 직장생활을 하면서 경영전략회의에서 발표하거나 주간 및 월례회의 발표 등에서 크고 작은 프레젠테이션을 해야 할 경우가 많다. 이

외에도 주요 현안이나 문제점에 대해서 경영진이나 내/외부 고객들에게 발표하는 등 나의 생각이나 의견을 요약해서 발표하는 일은 수시로 발생한다. 따라서 프레젠테이션능력은 직장생활을 하는 데 필수적인 능력 중의 하나라고 할 수 있다.

면접관은 프레젠테이션면접을 통해서 어떤 능력을 평가하는가?

취업포털 〈잡코리아〉가 구직자 516명에게 '가장 자신 있는 면접유형'을 조사한 결과, 68.6%가 '1:1로 진행되는 인성면접'이 가장 자신 있다고 답했다. 프레젠테이션면접을 자신 있다고 꼽은 구직자는 2.5%에 불과했다. 이는 우리나라 교과과정이 발표와 토론 중심으로 이뤄지는 선진국의 교육시스템과는 다르게 일방적인 주입식 교육에 익숙해져 있다는 데 그 원인이 있음을 알 수 있다.

프레젠테이션 모의면접을 진행하다 보면 잘 준비된 학생과 준비가 부족한 학생과의 편차가 가장 큰 면접이 바로 이 면접임을 알 수 있다. 이런 연유로 대다수 구직자들은 프레젠테이션을 두려워하거나 자신 없어 하는 경우를 종종 보게 된다. 프레젠테이션면접 준비는 단기간 내에 이뤄지지 않는다. 특히 평범한 대학생으로서는 프레젠테이션을 하는 기회를 갖기가 흔하지 않다. 따라서 팀 프로젝트 발표나 동아리나 학생회활동 그리고 공모전 발표 등 본인에게 주어지는 기회를 최대한 활용해야 한다.

실례로 현재 H대기업 입사를 준비하고 있는 구직자의 경우, 2년 연속 면접전형에서 실패한 탓에 자신감이 떨어져 있는 상태다. 그중에서도 지난해 S그룹의 프레젠테이션면접이 가장 큰 아쉬움으로 남는다. 대학교 재학시절 자신의 인턴경험과 창업동아리경험을 살려 타 지원자들에 비해 짜임새 있게 발표 준비를 했지만 시간관리에 실패했다. 발표 준비에 시간을 치중하다 보니 발표연습을 하지 못하고 허둥지둥 면접장에 입장했다. 그리고 본론에 해당하는 문제점과 대책을 발표하는 도중에 시간이 종료되었다는 벨이 울리자 당황하게 되어 제대로 마무리도 하지 못하고 말았다. 이런 연유로 연이어 진행된 질의응답도 제대로 답변하지 못하고 허둥지둥 면접장을 나왔다.

위와 같은 경험은 PT면접장에서 흔히 볼 수 있는 경우다. 면접관은 면접자가 아나운서나 리포터처럼 완벽하게 발표하는 것을 기대하지 않는다. 누구나 발표내용이 조금 부족할 수는 있다. 면접장에 도착하게 되면 두세 개의 주제가 주어지고 면접자는 그중 하나의 주제를 선택해서 약 40분 동안 발표내용을 준비한다. 그리고 면접장에 입장해서 주제 발표를 한 뒤, 필요한 질의응답을 하는 형태로 프레젠테이션면접이 진행된다.

프레젠테이션면접은 면접자의 문제해결능력, 전문성, 창의성, 기본적인 실무능력, 논리성 등을 관찰하는 데 중점을 두는 면접이다. 주제 발표하는 과정을 통해 면접관은 면접자의 발표력, 논리력, 설득력, 창의성, 의사소통능력 등을 종합적으로 판단한다. 정확한 답이나 지식보다는 논리적 사고와 의사표현력이 더욱 중요시된다. 따라서 업무를 수행하는 데 필요한 능력을 평가한다고 볼 수 있다.

40분의 준비시간이 주어졌다면 너무 조급하게 생각하지 말고 먼저 제시된 주제를 반복해서 정확하게 파악해야 한다. 목적이 무엇이고 면접관은 어떤 의도에서 이런 주제를 선정했는지 이를 파악하는 데 5~10분 정도를 할애해야 한다. 그런 다음 발표하고자 하는 목적이나 문제점과 대책 그리고 결론 등 전달하고자 하는 내용을 구조화하는 데 20~25분을 배정하고, 핵심키워드 중심으로 발표연습을 하는 데 10~15분을 할애해야 한다.

구조화 발표 준비 요령

조직이나 기업은 수많은 문제를 해결하는 과정을 통해서 이윤을 창출한다. 신제품 개발, 영업목표 달성, 신규시장 개척, 노사 간의 단체협상 등

매일매일 새로운 문제들을 직면하게 된다. 따라서 이러한 복잡한 문제를 해결하기 위해서는 문제를 부분으로 쪼개서 생각해보아야 한다. 즉, 목적과 수단, 원인과 결과, 장기적 문제와 단기적 문제, 대안의 우선순위에 따른 자원의 배분 등을 구분해서 생각하다 보면 전체적인 문제의 모습과 해결책이 명확해진다.

예를 들어 "모자 100개를 정리해 주십시오"라고 했을 때, 먼저 모자를 용도에 맞게 구분한 다음 계절별로 나눈다. 이를 가리켜 '같은 것을 묶는다'는 의미의 '조직화'라고 하고, '순서대로 늘어 놓는다'는 의미로 '체계화'라고 하는데 이를 모두 합쳐서 '구조화'라고 한다. 면접에서 구조적 발표란 주어진 문제를 서론, 본론, 결론 순으로 발표내용을 구성하여 발표하는 것을 말한다. 이런 식으로 구조화가 제대로 되어 있지 않으면 가독성이 떨어지고 내용 파악이 어려워 의사결정 속도에 영향을 줄 수 있다.

구조적 발표를 하는 순서

주제는 기업별로 차이는 있지만, 대개 이공계의 경우 전문지식에 대한 지식 정도를 파악하고, 인문사회계의 경우에는 시사성과 관련된 주제가 출제된다. 예를 들어서 출제된 주제에 대해서 다음과 같이 구조화 해볼 수 있다.

1 이공계의 전문지식을 묻는 경우 → 용어의 정의 및 원리 → 현업에서 적용사례 → 효과분석

2 인문사회계의 시사성 관련 주제의 경우 → 현상이나 배경 → 문제점 도출(3가지) → 향후 전개방향 및 문제해결 방안(3가지) → 결론 순으로 정리한다.

3 기타 문제해결의 경우 → 문제를 둘러싼 배경이나 현상 → 목표 설정 → 문제점 도출(3가지) → 대책강구(3가지) → 효과분석 → 결론 순으로 작성하거나 또는 문제의 정의 및 배경 → 목표설정 → 목표달성 전략 → 실현방법(전략의 구체적 실천

방법) → 일정계획 → 자금 소요계획 → 효과분석 순으로 작성하면 된다.

④ 본인의 강점을 활용한 회사기여 방안의 경우 → 본인의 강점 도출과 지원한 직무의 필요역량과의 관련성 도출 → 본인의 자기개발 계획(강점을 보강) → 지원한 직무에서 향후 의욕 있게 추진하고 싶은 내용 → 기여내용 순으로 작성하면 좋은 평가를 받을 수 있다.

⑤ 위와 같이 구조화 하는 것도 좋은 방법이지만 더 효과적인 방법은 그림으로 도식화 하거나 SWOT분석이나 장단점을 분석해서 도표로 제시하는 방법이다.

프레젠테이션면접을 효과적으로 준비하기 위해서는 많은 시간이 필요하기 때문에 평상시에 틈틈이 준비해야 한다. 이공계의 경우에는 전공과목의 주요용어나 원리 등을 정리하면 좋다. 인문사회계의 경우에는 시사성 있는 문제를 정리해서 매일매일 반복해서 공부하거나 이를 일목요연하게 구조화 해서 공부방 한쪽 벽면에 붙여 놓고 계속해서 연습하는 것도 좋은 방법이다. 또한 취업동아리에서 친구들로부터 피드백을 받는 것도 좋다.

PT면접
생존 노하우

PT면접은 시간과의 싸움이다

PT면접은 문제해결능력을 관찰하는 데 중점을 두는 면접이다. 주어진 주제에 대하여 지원자의 의견이나 지식, 경험 등을 활용하여 견해를 당당하게 밝히면 된다. PT면접의 중점평가항목은 각 직무분야에서 요구되는 문제해결능력과 전문성, 창의성, 기본 실무능력 등이 있다. 하지만 짧은 시간에 주제를 선정하고, 분석하고, 내용을 정리하고, 발표를 준비하는 데는 무리가 따른다. 기업에서 PT면접 주제를 부여하고 준비하는 시간을 통상 30~40분 정도 부여한다. 이 시간을 어떻게 활용하는가에 따라 PT면접의 성패가 달라진다고 할 수 있다. 그리고 발표와 질의응답시간 15분! 발표는 일반적으로 7~8분 정도 하게 된다. 나머지 시간은 질의응답시간이다. 7~8분 정도를 면접관 앞에서 논리적으로 내용을 전달하는 것 역시 부담이다. 어떻게 내용을 배분하고, 시간을 활용할지에 대한 부담이 있을 수밖에 없다. 더구나 자세와 목소리에도 신경을 써야 하므로 긴장은 배가될 것이다. 결국 PT면접은 시간과의 싸움이라 할 수 있을 것이다. 주어진 시간을 어떻게 활용하여 효과적인 전달을 할 수 있을 것인지에 대한 고민을 하여야 한다.

PT면접의 필살기 : 리허설

스티브잡스와 오바마도 수많은 연습을 통해서 연설을 잘하게 되었다. 처음부터 잘하는 사람은 없다. 이들도 두 달 동안 프레젠테이션 기획을 하고, 적어도 2주 동안 하루 6시간씩 실전처럼 리허설을 했다고 한다. PT면접 또한 투자한 시간과 노력의 산물이다. 익숙하지 않은 상황에서, 더구나 짧은 주제를 정리하고 발표하는 것은 지속적인 리허설과 노력에서 오는 결과물인 것이다.

대부분의 지원자는 학교에서 프레젠테이션을 하기는 하지만 특별히 리허설을 하는 경우는 드물다. PPT에서 자료를 정리하면 그것으로 준비가 다된 것으로 인식하고 있다. 그리고 실제 발표에서는 정리된 화면을 보고 읽는다. 그것은 진정한 프레젠테이션이 아니다. 기업도 원하지 않는다. 우리가 PT면접을 앞두고 리허설을 해야 하는 이유는 크게 세 가지로 나눌 수 있다.

첫째, 시간의 활용능력이다. 짧은 시간에 주제를 분석하고, 발표내용을 정리할 수 있는 적응력을 키우기 위해서다. 기업에서 주어지는 주제는 그 조직이 안고 있는 현안과제, 전공과 직무에서 요구되는 기술적 이슈, 신사업이나 신기술, 그리고 사회적 이슈 등이다. 따라서 나올 수 있는 주제에 대해 짧은 시간에 발표내용을 정리해보는 연습이 필요하다. 가능성 있는 주제에 대해 20~30분 정도에 키워드로 정리하는 연습을 해보기를 바란다. '주장하기 → 근거 제시하기 → 사례 들기 → 요약하기'의 순서를 정하고 각 단계별 키워드를 만들어 말로 풀어가면서 리허설을 해보자.

질문 : 가장 존경하는 역사적 인물은 누구인가?

답변구조 : 1단계 - 주장하기 - 키워드(정약용)

2단계 - 근거 제시하기 - 키워드(실학자, 부국강병)

3단계 - 사례 들기 - 키워드(귀양살이, 실학집대성, 거중기)

4단계 - 요약하기 - 키워드(정약용의 생각과 의미)

둘째, 실전능력을 키우기 위해서다. 발표시간은 7~8분 정도로 정해져 있다. 제한된 시간에 자신의 의견을 피력해야 함에도 불구하고 많은 지원자가 5분도 채 되지 않은 상황에서 발표를 끝내는 경우가 허다하다. 시간을 준수하지 못하면 내용의 부족과 더불어 발표능력을 의심받게 된다. 사전에 주어진 주제를 제한된 시간 내에 발표하는지 시간을 재면서 연습하며 시간감각을 키우고, 실전에서 오는 부담감을 감소시켜야 한다.

셋째, 매너리즘을 개선하기 위해서 리허설을 해야 한다. 자신도 모르게 무의식적으로 '아~', '음~', '저기~' 등의 불필요한 추임새를 넣는다던지, 하늘을 멍하니 보고 생각하는 모습을 취한다던지 하는 경우가 많다. 이러한 동작을 체크하고 감소시켜야 전달력이 향상된다. 동영상 촬영 등을 통해 문제점을 파악해보고 개선의 노력을 해야 한다.

프레젠테이션능력은 하루아침에 늘지 않는다

프레젠테이션능력은 하루아침에 실력이 향상되지 않는다. 기회가 될 때마다 발표를 하는 적극적인 자세를 가져야만 한다. 그리고 피드백을 받아 문제점을 보완해야 한다. 그래야만 면접이라는 제한된 시간에 준비도 논리적으로 할 수 있고, 발표 또한 설득력이 높아진다.

많은 지원자들이 PT면접을 가서 공통적으로 느끼는 점이 있다. 그것은 자신보다 우수한 지원자들이 많아 보인다는 것이다. 짧은 시간에 내용을 구성하고, 면접관 앞에서 당당하게 자신의 의견을 전달하는 모습에서 그렇게 느끼는 듯하다. 하지만 그들 역시 하루아침에 그런 모습을 가지게 된 것은 아니다. 부단한 노력과 리허설로 만들어진 것임을 명심하라. '부러우면 지는 것'이란 말이 있다. 부러울수록 연습하고 자신의 부족한 능력을 향상시켜야 할 것이다.

칼자루는 면접관에게 넘어갔다

PT면접장에 들어서는 순간부터 칼자루는 면접관이 쥐고 있다. 지원자는 이 순간부터는 어떻게 해서든지 자신을 팔아야 한다. 리허설로 다져진 실력을 기반으로 당당하게 맞서야 한다. 면접관이 어떻게 평가할 것인지에 대해 고민하지 말고 자신의 모습을 모두 보여주도록 해야 한다. 면접이 끝나더라도 후회가 남지 않도록…….

1박2일 합숙면접
생존 전략 노하우

합숙면접은 지원자 밀착관찰형 면접

합숙면접은 1차면접 혹은 실무진면접에서 운영하는 면접유형 중의 하나이다. 면접관과 지원자가 함께 생활하며 평가하는데 합숙면접 프로그램을 도입하고 있는 대부분의 기업은 인·적성검사와 집단토론, 늦은 술자리, 주야간 등반, 체육활동 등으로 구성하여 운영하고 있다. 기업에서 이러한 합숙면접을 선호하는 이유는 지원자를 좀 더 폭넓게 관찰할 수 있고 면접관이 지원자와 숙식을 함께하다 보면 평소의 생활 태도가 속속들이 드러난다는 점이 매력적이기 때문이다. 이 중에서 '체육활동과 등반'의 예를 들어보자.

체육활동 중 남성 지원자를 대상으로 축구시합을 하는 경우도 있다. 골을 많이 넣은 자는 '상금 10만 원'과 같은 상금을 내걸고 축구시합을 하는 경우, 상금에 혈안이 되어 열심히 개인기를 발휘해서 골 넣기에만 몰두하는 지원자, 반면에 팀이 이기는 것을 목적에 두고 동료 팀원들이 골을 넣기 위해 팀워크를 발휘하고 조력하는 지원자 등등 각양각색의 사람들을 보게 된다. 등산의 경우도 마찬가지이다. 1등으로 정상에 도달하면 상금을 지급한다는 것에 눈이 어두워 등반활동에만 열심인 지원자가 있는가 하면, 등반을 힘들어 하는 지원자를 뒤에서 밀어주고, 손잡고 같이 산에 오르는 지원자도 있다.

여러분이 면접관이라면 어떠한 지원자에게 좀 더 높은 점수를 줄 것인지는 명약관화하지 않을까!

이색면접은 이러한 장/단점이 있다!

회사의 업무는 혼자서 처리할 수 없는 만큼 주변 동료와 얼마나 잘 어울리느냐가 매우 중요한 평가기준이 되고 있다. 그래서 합숙면접을 통해서 면접관들은 지원자들이 얼마나 조직에 잘 적응하는지를 알아보고자 많은 노력을 한다. 많은 합숙면접 프로그램 중에 팀워크를 보기 위한 해결과제도 있다. 과제를 내주면 그저 답변 준비에 골몰하는 지원자가 있는가 하면 과제의 취지가 무엇인지 의도를 알아보는 노력을 하는 지원자도 있다. 평소 지식과 상식만으로 해결하려는 지원자가 있는 반면, 인터넷을 검색하거나 선배들에게 많은 문의 등을 통해 캐물어 보는 지원자도 있다.

합숙면접 후 임원(인성)면접을 실시하지만, 이러한 경우는 합숙면접 결과를 검증하는 차원이 된다. 합숙면접에서 좋은 점수를 받은 지원자가 낙방하는 경우는 드물다고 할 수 있다. 이러한 합숙면접의 장/단점을 알아보면 다음과 같다.

장점

■ 지원회사의 기업(조직)문화에 맞는 지원자 선택이 용이하다.

합숙면접의 다양한 프로그램을 통해서 지원자의 외모나 말솜씨만이 아닌 다양한 활동 프로그램을 통해서 지원자의 내면까지 들여다 볼 수 있는 종합적인 면까지 평가할 수 있다.

❷ 지원자의 전모를 파악할 수 있다.

다대다 임원(인성)면접을 하다 보면 응시생 1명당 돌아가는 질문시간이 평균 5~10분 정도에 불과하다 보니 지원자의 외모나 말솜씨에 현혹되어 잘못된 판단을 할 수 있는 가능성이 있다. 지원자와 같이 생활하며 옆에서 지켜보면서 지원자의 전모를 파악할 수가 있다.

❸ 지원자를 좀 더 객관적으로 평가할 수 있다.

지원자를 대상으로 몇 가지 질문을 던진 후 답변을 듣는 임원(인성)면접에서는 피상적으로 평가할 수밖에 없고 면접관을 제한할 수밖에 없어서 몇 사람의 주관이 개입될 개연성이 크다는 점을 보완할 수 있다.

❹ 신입사원의 퇴사율 감소 효과를 기대할 수 있다.

기업에서 필요로 하는 인재상, 기업(조직)문화에 좀 더 가까운 지원자를 선발할 수 있어서 신입사원의 퇴사율을 낮출 수 있는 효과를 기대할 수 있다.

단점

❶ 채용전형 일정이 비슷한 다른 기업의 응시 기회를 박탈해 버릴 수 있다.

합숙을 하면서 면접에 대응해야 하다 보니, 타 지원회사의 채용 전형일정과 중복될 경우, 지원자 입장에서는 응시 기회가 박탈되는 경우가 발생하기도 한다.

❷ 경쟁자들과 같이 생활해야 하기 때문에 당혹스럽거나 불편한 일이 많다.

면접관 및 경쟁자들과 함께 기숙하면서 평가를 받아야 하는 입장이다 보니, 행동에 대한 제약도 많고 일상생활에서 당혹스럽거나 불편한 일이 발생하는 경우가 많다.

합숙면접은 같이 일하고 싶은 신입사원을 실무 부서장이 직접 심사하는 면접이다. 따라서 합숙기간 중에는 신입사원다운 모습의 활달하고 열정과 패기가 있는 모습, 그리고 매사 적극적인 모습을 보여주기 위해 노력하는 것이 매우 중요한 포인트가 될 수 있다.

합숙면접에 관해 궁금한 몇 가지

1박2일 혹은, 2박3일면접은 모든 행동이 평가와 연결되는가?

'낮말은 새가 듣고, 밤말은 쥐가 듣는다'는 속담을 꼭 명심하기 바란다. 합숙면접을 위해 입소하는 순간부터 지원자 여러분은 평가대상이 되고 있다는 점이다. 일상적인 면접유형인 PT나 토론면접 뿐만이 아니라, Ice-Breaking시간을 시작으로 팀워크활동, Role-Play, 조별 과제 등을 수행하면서 결과물보다는 해결과정 속에서 내가 어떻게 참여했고 어떠한 역할을 하고 있는가의 과정 중심의 평가가 이루어지고 있다는 점을 명심해야 한다.

합숙면접에서 팀워크활동으로 만들어내는 결과/성과는 평가에 반영되지 않는가?

면접평가는 지원자 개개인에 대한 평가를 하는 것이지 집단평가를 하는 것은 아니다. 예를 들어, 토론면접 주제를 받고 찬반을 나누어 토론을 진행하면서 결과가 우세한 쪽이라고 해서 모든 지원자가 좋은 평가를 받는 것은 아니다. 면접은 개인평가이지 집단평가가 아님을 명심해야 한다.

합숙면접에서 술자리는 왜 필요한가?

술을 마시면 긴장이 풀리고, 경계심이 사라지면서 진실한 모습이 노출되기 때문에 술자리면접을 실시한다.

술을 못 마시는 지원자는 어떻게 해야 하나?

술자리면접이라고 해서 지원자의 주량을 알아보고자 하는 면접이 아니다. 직장생활을 하다 보면 회식을 하게 된다. 회식도 업무의 연장이라고 많이들 여기고 있다. 이러한 회식자리에서 동료, 선배들과 어떻게 융화되고 잘 어울리는지를 알아보고자 하는 것이지 술 주량이 얼마나 되는가를 알고자 하는 것은 아니다.

세일즈면접
생존 노하우

기업의 면접 방식이 다양해지고 있다. '봐라, 우리 기업은 이렇게 독특하게 사람 뽑는다. 어때? 다른 기업과는 확실하게 다르지?'라는 것을 과시하기 위한 홍보용의 이유도 있고, 제한된 시간과 질문의 한계성을 벗어나 지원자가 다양한 환경에 어떻게 반응하고 적응하는지를 파악하여 보다 입체적으로 지원자를 평가하려는 기업의 의도도 있다. 최근 새롭게 이슈가 되고 있는 행동식면접의 정점에는 '세일즈면접'이 있다.

지원자의 적극적인 세일즈 의지를 파악하는 세일즈면접

세일즈면접은 기업이 정해준 특정상품 또는 서비스를 고객 역할을 하는 임직원에게 판매해보라는 미션으로 진행된다. 때로는 지원자 2명을 서로 고객과 판매자 역할로 구분하여 서로 판매하는 방식으로 진행되기도 한다. 세일즈면접은 단순한 언변이 아닌 자신이 판매하는 상품에 대한 분석과 세일링 포인트의 판별성, 그리고 고객분석과 적극성까지 종합적으로 파악하는 면접의 형태이다.

그러면 이 좋은 면접을 왜 모든 기업이 하지 않는 걸까? 세일즈면접은 개인적 평가로 구성되기에 시간이 오래 걸리고, 지원자가 판매 상품을 미리 예측하여 준비한다면 면접관들은 지원자의 '연기'에 속수무책으로 당할 수밖에 없기 때문에 면접현장에서 쉽게 채택하지 못하는 사정이 있다. 따라서 영업 직무를 기본으로 하여, 은행을 비롯한 금융권과 유통, 그리고 제약 등 실질적인 세일즈역량이 필수적인 기업에서 세일즈면접을 이미 도입하여 운영하고 있거나, 도입을 적극적으로 검토하고 있다.

지원자 입장에서 세일즈면접을 적절하게 준비하고 대응하는 방법은 의외로 간단하다. 먼저 기업의 상품에 대한 이해가 있어야 한다. 만일, 은행에서 세일즈면접을 진행한다면 해당 은행은 주력 5대 상품 즉, 예금/적금/대출/방카슈랑스/카드에 대한 이해가 있어야 한다. 다음으로, 판매 대상 즉, 고객에 대한 이해가 있어야 한다. 만일, 자동차 타이어 제조 전문 기업에서의 영업이라면 그 대상은 차량을 가지고 있는 일반 소비자가 결코 아니다. 카센터 또는 타이어 도매상이 주된 영업의 대상이기 때문이다. 이와 같은 기본 자료들이 바탕이 된다면 나머지는 쉽다. 각각의 포인트만 적절하게 잡으면 되기 때문이다.

세일즈면접 형태에 따른 접근법

기업에서 진행되는 세일즈면접의 형태에 따라 각각 접근법을 설명하면 다음과 같다.

고객 역할을 하는 임직원에게 판매하는 방식(일명 고객 판매 방식) : 고객상황분석, 요구분석, 타사 제품 비교

먼저, 고객에게 질문을 하여 고객이 처한 기본적인 상황을 판단해야 한다. 예를 들어, 약국의 약사를 대상으로 새로 나온 의약품을 영업하는 상황이라면 구매동기/구매 희망 제품의 특수성/고객이 추구하는 목적/기존의 거래상황 등을 알아내는 것이다. 즉, 어떤 새로운 제품의 필요성이 있는지, 기존에는 어떤 업체와 거래를 했는지,, 실질적으로 약국을 찾는 고객의 수요는 어떤 부분에 맞춰져 있는지 등의 상황을 질문을 통해 확보하는 것이 우선이 되어야 한다. 쌀쌀맞은 고객을 '연기하는' 임직원이라도 지원자의 질문에는 적절하게 답변을 잘 해준다. 따라서 고객의 태도에 지레 겁먹지 말고 용기 있게 질문하는 것이 중요하다.

다음으로, 고객이 처한 상황을 바탕으로 왜 이 제품을 구매해야 하는가에 대한 어필을 하는 부분이 바로 요구분석 단계이다. 일반적으로 가격/기술력/품질/납기/실적/사후관리/보증의 조건 중에서 해당 기업의 해당 상품에 가장 적절한 부분을 3가지 정도 어필하여 공략하는 것이 핵심이다. 이 단계에서 주요하게 평가되는 부분은 내용의 현실성과 지원자의 의지이다. 내용의 현실성은 가격조건과 실적 등의 데이터가 현실성이 있어야 한다는 것이다. 즉, 무조건 싸게 파는 것도 안 되고, 있지도 않은 실적을 거짓으로 말해도 안 된다. 세일즈면접에서 판매하는 상품과 서비스는 실제 그 기업의 현실적인 제품과 서비스인 경우가 많다. 따라서 실질적인 공부를 하는 것이 세일즈면접에서 고득점 할 수 있는 방법이다. 그리고 지원자의 의지는 실질적으로 반드시 이 상품 또는 서비스를 판매하겠다는 지원자의 의지를 말한다. 즉, '면접이니까 시키는 대로 한다'라는 이미지가 아닌, 여기가 바로 실제 판매현장이고 내가 바로 고객의 최접점에서 우리 제품을 판매하는 실무자라는 인식으로 완전하게 빙의된 '연기'를 절실하게 잘해야 하는 것이다.

마지막으로, 타사 제품에 대한 비교는 얼마나 업계를 잘 이해하고 있는가를 어필할 수 있는 부분이다. 유능한 영업인은 자사의 제품에만 집중하지 않는다. 타사의 제품과 비교하여 경쟁우위를 찾아내 어필하는 것이 프로의 모습이기 때문이다. 특히, 경쟁사의 경쟁 제품에 대한 비교는 그것이 적절하게 이루어진다면 면접관들이 가장 많은 점수를 주는 부분이다.

지금까지 말한 3가지 부분이 적절하게 보여진다면 고객 판매 방식으로 진행되는 세일즈면접은 무난하게 넘어갈 수 있을 것이다.

고객 역할을 하는 다른 지원자에게 판매하는 방식(일명 동료 판매 방식) : 제품분석, 장점 어필, 예상 이익

만일, 이와 같은 방식으로 세일즈면접이 진행된다면 일단 분위기는 좋을 것이다. 만일, 내가 구매하지 않으면 상대 역시 내가 상품을 구매하지 않을 것이기 때문이다. 따라서 이와 같은 경우에는 위에서 말한 고객 판매방식보다 간단하게 필요 부분만 어필하면 된다.

먼저 제품/서비스분석이다. 자신이 판매하는 제품/서비스가 어떤 특징이 있는지, 기능적인 특성과 서비스의 프로세스에 초점을 맞춰 설명하는 것이다. 다음으로 장점 어필은 이 중에서 특히, 강점과 차별성을 집중해서 어필하며 제품/서비스의 가치를 극대화시키는 부분이다. 마지막으로, 예상 이익은 고객이 이 제품/서비스를 구매했을 때 어떤 이익을 얻게 될 것인지 가정하여 설명하는 것이다.

이와 같은 동료 판매 방식에서도 역시 적극적이고 진지한 태도는 매우 중요하다. 면접의 형태가 '세일즈'라는 특수성을 가지고 있기 때문이다. 세일즈의 궁극적인 목표는 결국 판매의 달성에 있는 것이다.

기타 행동면접 등 낯선 면접상황 생존 노하우

기존의 방식을 벗어나 독창적이고 이색적인 면접이 새롭게 등장하고 있다. 종류도 많고 기업마다 특징도 다양한 여러 가지 면접이 있지만, 여기에서는 그나마 지원자들이 만날 수 있는 확률이 높은 요리면접, 산행면접, 술자리면접에 대해서 집중적으로 살펴보도록 하겠다.

요리면접, 주력상품에 대한 이해와 팀워크에 대한 평가

요리면접은 기업에서 제공한 식자재를 가지고 정해진 시간에 목적한 요리를 만드는 면접이다. 개인 미션으로 진행되는 경우는 거의 없고, 팀 단위로 진행되는 경우가 대부분이다. 주로 팀워크와 소통, 창의성 등을 평가한다. 요리 자체의 결과는 너무 짜거나 너무 달거나, 혹은 이상한 맛만 아니면 된다.

요리면접은 요리를 잘해야 하는 면접이 아니다. 셰프를 뽑는 면접이 아니기 때문이다. 그 기업의 주력상품인 라면과 즉석식품 또는 전통 발효식품 등 제품의 특성을 얼마나 잘 이해하고 있는지를 확인하는 방향에서 진행되기 때문에, 주로 식음료 가공기업에서 이와 같은 요리면접을 진행하는 경우가 많다.

외형은 요리의 형태를 띠고 있지만 공동작업을 한다는 점에서 팀워크 기반의 면접이라고 할 수 있다. 요리면접에서 인정받는 방법은 다음과 같다.

첫째, 자신의 의견을 제안한다. 식자재 선정이나 요리의 결과물이 어떤 의미를 갖는지의 콘셉트를 구성할 때 자신의 의견이 반영되면 긍정적인 평가를 받는다.

둘째, 아이디어를 제시한다. 요리가 진행되는 과정에서 보다 더 좋은 방법과 협업의 능률을 높이는 아이디어를 제시하면 좋다. 실제로, 성능이 좋지 않은 반죽기를 사용하는 것보다 손으로 직접 반죽을 하자는 아이디어를 낸 지원자가 좋은 점수를 받은 사례가 있다.

셋째, 역할에 집중한다. 공동작업의 근본은 그 구성원들이 자신의 역할에 집중하는 데 있다. 일단 자신의 일부터 잘하라는 것이다. 실제로, 양념을 담당하던 지원자가 다른 지원자의 역할인 물 끓이는 과정에 개입하여 낮은 점수를 받은 사례가 있다.

넷째, 도와준다. 이때의 전제조건은 자신의 일을 보다 빨리 끝내고, 옆의 다른 팀원을 도와주라는 것이다. 이 역시 좋은 평가를 받을 수 있다.

다섯째, 뒷정리를 잘한다. 다들 요리 자체에 집중을 하기 때문에, 주위의 환경에 신경을 쓰지 않는 경우가 많다. 이때 조금만 신경을 써서 주위를 깔끔하게 정리하는 것은 좋은 평가의 배경이 된다. 실제로 막힌 개수대의 음식물 찌꺼기를 주도적으로 처리한 지원자가 좋은 평가를 받은 사례가 있다.

산행면접, 개인의 체력과 상황적응성을 평가하는 실행면접
산행면접은 그룹 단위로 산을 오르는 등산면접이다. 그렇다고 무턱대고 산만 타는 것이 아니고, 중간 중간 개인별 발표와 주위의 사물을 이용하여 작품 만들기 등 간단한 팀 미션이 함께 진행된다. 주로 체력과 상황 적응성, 집체성, 돌발행위 이상 여부 등을 평가한다.

산행면접은 일단 체력이 뒷받침되어야 한다. 등산 도중 낙오하여 아예 등산 자체를 포기하거나, 주위의 사람들에게 부축을 받으며 산을 오르는 모습은 거의 탈락의 요소로 작용한다. '까짓것 그냥 올라가면 되지'라고 생각하기에는 등산 코스 자체가 점점 험해지는 추세이다. 산행면접은 진행하는 기업의 입장에서 안전이 최우선이기 때문에 항상 직원들이 면접관으로 함께 동행하는 경우가 대부분이다. 따라서 그저 묵묵하게 산만 오르는 것보다, 이들의 주위에서 사람들과 함께 보다 많은 대화를 나누는 것이 적극성을 인정받는 방법이다. 산 타는 것도 힘들어 죽겠는데, 이와 같이 대화까지 나눠야 하니 일단 체력이 좋아야 한다. 중간 중간의 미션 또한 공동작업을 한다는 점에서 역시 팀워크 기반의 면접이라고 할 수 있다. 산행면접에서 인정받는 방법은 다음과 같다.

첫째, 지각하지 마라. 도시에 존재하는 건물과는 다르게 산이라는 특성상 교통편이 좋지 않을 수 있다. 산행면접은 기업의 입장에서도 시간 계획대로 구성하여 운영하는 경우가 많으므로 지각하면 좋지 않은 평가를 받는다. 기업에서 제공하는 버스를 대절하여 출발하는 경우이건, 등산로 입구에서 직접 만나는 면접이건 절대 지각하면 안 된다.

둘째, 미리 산에 올라봐라. 평상시 다니던 '반듯한' 길이 아니다. 실제 산행면접을 진행하다 보면 5년 또는 10년 이내에 산에 온 것이 처음이라는 지원자들을 숱하게 만난다. 험난한 산길을 꾸준하게 오르는 것은 생각보다 쉬운 일이 아니다. 미리 적응 훈련을 하는 것이 유리하다.

셋째, 대화를 하라. 등산가를 뽑는 면접이 아니다. 그래서 함께 그룹을 만들어 산을 오르게 하는 것이다. 묵묵히 산을 오르는 모습보다는 적극적으로 대화하고 함께 오르는 모습이 중요하다. 실제로, 산행 초기에는 맨 뒤에 처진 다른 지원자에게 대화를 시도하여, 이후 그 사람을 선두까지 함께 이끈 지원자가 최고의 평가를 받은 사례가 있다.

넷째, 너무 선두에 서지 마라. 가장 먼저 정상에 도달해야 합격하는 것이 절대 아니다. 자신의 체력을 너무 믿다가 중간에 낙오하거나 탈진하는 사례가 실제로 많다.

다섯째, 팀 미션은 위의 요리면접 사례를 참조하라. 면접관들이 팀 미션에 평가하는 요소는 대부분 그 속성이 같다.

술자리면접, 진솔한 인성과 사람됨을 평가하는 관찰면접

술자리면접은 보다 진솔한 지원자의 모습을 보겠다는 기업의 의지가 극단적으로 반영된 형태의 면접이다. 보통 호프집 등에서 간단한 음주와 함께 면접관 또는 입사 선배들과 대화를 나누는 방식으로 진행된다. 하지만 본격적으로 고기를 구우며 소주잔이 돌고 2차로 노래방까지 이어지는 형태도 간혹 목격된다. 기본적인 사회 예절, 분위기 적응, 자기조절력 등을 주로 평가한다.

'술자리면접에서 술 마시는 사람은 정작 면접관밖에 없더라'라는 이야기가 있다. 지원자 대부분이 '혹시나 술김에 실수하지 않을까'라는 걱정과 눈치를 가지고 참여하기에 생각보다 부어라 마셔라 하는 사람은 없다. 그리고 전체 건배 몇 번 이후에는 더 이상의 음주를 사양하는 사람들도 많다. 그래도 괜찮다. 술자리면접은 누가 더 술이 센가를 확인하는 면접이 아닌 까닭이다.

소주 두 잔 밖에 마시지 못 하더라도, 아니면 아예 술을 못 마시더라도 그 '분위기'는 얼마든지 함께할 수는 있는 것이다. 술 못 마신다는 괜한 자격지심에 면접관과 마주볼 수 있는 좋은 자리를 남에게 양보하고 구석에서 청량음료만 홀짝거리는 궁상은 보이지 말아야 한다. 술자리면접에서 면접관에게 인정받는 방법은 다음과 같다.

첫째, 적극적으로 대화하라. 술자리의 독특한 분위기가 있다. 술을 핑계로 서로의 '격'을 내려놓고 편하게 마주보며 대화하자는 것이다. 그래서 술자리면접에서 대화는 필수이다. 이왕이면 다양한 사람들과 고르게 대화하는 것이 관건이다. 옆 사람이나 앞 사람에게만 집착하지 말고, 술자리의 분위기에 따라 자리를 적절하게 바꾸는 것도 훌륭한 전략이다. 면접관은 이런 모습을 체크한다.

둘째, 밝은 이야기를 하라. 취업준비생으로서의 고달픈 삶이나 최근 헤어진 남친 이야기를 해봤자 우울함 지수만 높아질 뿐이다. 즐거운 이야기를 해야 웃음도 나오고, 웃는 모습을 보여야 긍정적이고 적극적인 사람으로 보이는 것이다.

셋째, 주량을 당당하게 밝혀라. 어중간한 분위기에 말려 먹지도 못하는 술 억지로 먹다가 인사불성 되는 지원자가 신기하게도 꼭 있다. 술자리면접을 진행하는 모든 기업에는 전설처럼 내려오는 떡실신의 주인공이 반드시 있는 법이다. 그 비련의 주인공이 되지 않으려면 스스로의 주량을 당당하게 밝히고, 추가로 권하는 술잔에 대해서는 센스 있게 거부할 줄도 알아야 한다. 대신 즐겁게 대화하고 어울리기 바란다.

창의성면접 생존 전략

　최근 삼성공채에서 창의성면접이 시행되면서 취업준비생들 사이에서 관심이 높아졌다. 창의면접은 삼성공채에서 처음 나타난 것은 아니다. 과거 구글에서 'A와 B가 있다. 어느 것을 선택할 것인가?'라는 식의 창의적 사고를 요하는 질문을 사용하기도 했다. 그리고 국내 기업들도 창의력을 검증하기 위한 면접 질문을 만들어 사용하고 있다. 최근 4차 산업혁명 시대의 도래로 인해 기술력과 더불어 요구되는 능력이 창의력이기 때문에 사고할 수 있는 능력을 검증하는 것은 기업의 인재채용의 핵심으로 대두되고 있다.

창의란 '무조건 남과 다른 것'만은 아니다

　취업교육 시 취업준비생들에게 창의의 개념에 대해 물으면, 바로 답변을 하는 이들이 드물다. 그것은 창의의 개념에 대해 생각을 해보지 않음이 이유일 것이다.

　창의란 '기존의 사고 또는 방법을 새롭게 변화시키는 것'으로 정의된다. 하지만 이 정의만으로 창의를 이해하다 보면 '거창하고 기발한 것', '남들이 생각하지 못한 것', '독창적인 것' 등 다양한 오해들이 만들어져 창의를 더욱 어렵게 만들어낸다. 기업이 원하는 창의는 '문제의 본질을 파악하고, 원인에 대한 분석을 통해 최적의 해결방법을 찾아내는 능력'이라고 말할 수 있다. 최근 삼성의 창의성면접 주제를 분석해보면 '미래 변화에 대한 해결방법을 제시하는 문제들'이 기출되고 있는 것이 기업이 원하는 창의가 사전적 의미가 아닌 실질적 의미임을 알 수 있을 것이다.

창의면접이란?

창의면접이란 기존의 사고의 틀을 벗어나서 다양화 된 시각으로 문제를 바라보고, 해결방법을 모색할 수 있는가를 평가하기 위한 면접이다. 과거의 질문은 '맨홀 뚜껑이 둥근 이유는 무엇인가? 쌀 한가마니 속에 들어있는 쌀알의 수는 몇 개인가?' 식이었다. 그래서 '네, 26만 톤은 될 것 같습니다. 그 이유는~'과 같은 즉흥적인 답변과 '네, 숫자를 떠나 무조건 많을 것 같습니다. 왜냐하면 배고픈 사람이 세면 이걸 다 세야 밥을 먹을 수 있기 때문에 많고, 배부른 사람이 세면 이걸 귀찮게 언제 다 세나 하는 마음에 많이 보일 것이기 때문입니다'라는 등의 위트 있는 말도 나름 인정을 받는 시기도 있었다.

하지만 최근 창의성면접을 실시하고 있는 일부 기업에서는 면접 전 주제를 부여하고 주제에 대한 생각을 정리해서 제출하게 한다. 그리고 면접관들 앞에서 자신의 생각을 발표한 후 면접관과 토론식의 대화로 면접이 진행된다. 따라서 즉흥적 답변이 아닌 사고에 의한 발표와 답변이 구성되어야 한다는 점에서 기존의 창의면접과 차별성을 지닌다. 그리고 면접이 종료될 즈음에 '창의적이었던 경험'에 대한 질문이 나온다. 단순히 생각만으로 그치는 것이 아닌 일상에서도 창의적 모습을 지닌 사람이야 말로 진짜 창의적인 인재이기 때문일 것이다.

창의성면접에서의 핵심 = 실현 가능성 + 발표능력

삼성그룹에서 진행되는 창의성면접의 사례를 들어 설명해보자. 삼성에서 실시하는 문제해결식 창의면접의 큰 평가기준은 실현 가능성이다. '어떤 기술의 발달로 보복운전이 줄었는가? 어떤 기술의 발달로 안경이나 시력교정술을 받는 사람이 줄어들었는가?'라는 질문은 단순히 어떤 기술인지를 물어보지는 않는다. 왜 그 기술이고, 그것을 뒷받침할 수 있는 근거는 무엇인지가 나와야 한다. 따라서 허무맹랑한 답변이 아닌 본인의 지식과 경험적 요소를 근거로 한 사고적 답변을 해야 한다.

창의성면접은 일반적 PT면접과 유사한 점을 지닌다. 면접관 앞에서 자신의 생각을 먼저 발표하고 나서 질의응답이 이루어진다는 점이 바로 그것이다. 그러므로 답변을 할 때 단순히 창의성 하나에만 초점을 맞출 것이 아니라 내 생각을 면접관에게 어떻게 전달할 것인지도 고민해봐야 한다. '구체화', '명료화', '논리성' 세 가지 포인트에 맞춰 답변을 구성하는 연습 또한 필요할 것이다.

정답은 없다. 오로지 그대들의 생각으로 설득하라

창의성면접에서는 정답이 정해져 있지 않다. 지원자의 다양한 분석적 사고를 평가하고자 할 뿐이다. 따라서 자신의 주장하고자 하는 것에 대한 기준과 근거를 명확히 하는 것부터 시작해야 한다.

첫 번째 방법이 다양한 분야에 대한 독서이다. 모든 경험을 다 해보지 못하므로 간접적 경험인 독서를 통해 많은 근거들을 가지고 있어야 한다. 최근 '대학생 1인당 연간 평균독서량이 4권 미만'이라는 놀라운(?) 뉴스를 접하면서 창의력의 부재 시대를 실감했다. 무조건 많이 읽어야 한다는 것은 아니다. 한 권을 읽더라도 '왜?'라는 의문을 가지고 제대로 읽어보라는 의미이다. 그래야만 사고의 폭이 넓어진다.

두 번째 방법은 변화하는 사회현상에 대한 관심이다. 세상이 어떻게 변화하고 어떤 기술이 발달하고 있는지에 대한 관심이 우선되어야 한다. 그래야 변화에 대한 대응도 할 수 있다. 당장 취업이라는 현실에 과욕을 보일 수도 있으나 미래를 준비해야 하는 입장에서는 너무나도 당연한 준비일 것이다.

세 번째 방법은 논리적 표현 방법에 익숙해지라는 것이다. 연역법, 귀납법 등 다양한 논리적 표현 방식에 맞춰 일관된 주장능력을 키워나가야 한다. 면접뿐만 아니라 앞으로 사회에서 자신의 말하는 능력은 생존의 필살기가 될 수도 있기 때문이다.

창의는 하루아침에 만들어지지 않는다. 문제에 대한 인식과 지속적인 노력 없이는 만들어지지 않는 것이 창의이다. 나만의 방법에 의한 문제에 대한 분석과 해결책의 마련을 위해 오늘부터라도 바로 준비를 시작하자!

창의성면접도 결국 '면접'이다

기업에서 창의성면접 등 다양한 방법의 면접이 등장하고 있다. 그러므로 취업준비생들에게는 또 다른 스펙으로 여겨질 수밖에 없다. 하지만 이것 하나만 기억하면 면접에 보다 충실히 대비할 수 있을 것이다.

면접의 핵심은 '함께 일하고 싶은 사람'을 선별해내는 것이다. 창의적 사고를 보유하고 있더라도, 많은 능력을 보유하고 있더라도, 좋은 인성을 가지고 있더라도 '함께' 일하고 싶지 않다면 그 사람은 탈락이다. 면접관들에게 '함께할 수 있는 사람'이라는 것을 보여주자. 그것이 핵심이다.

창의성면접도 결국 '면접'일 뿐이다.

영어면접 준비 전략

영어 면접은 '어렵다'. 아니 그냥 '두렵다'. 우리말로도 설명하기 힘든 나를 영어로 표현해야 한다는 두려움은 면접을 포기하게 만들기도 한다. 하지만 내 인생을 영어라는 단어 때문에 시도조차 하지도 않고 포기할 수는 없지 않은가. 영어면접은 진행의도와 방식을 이해한다면 조금은 쉽게 접근할 수 있을 것이다.

기본은 준비해라

영어면접의 방식을 이해하기 전에 기본은 준비하는 것이 좋다. 취업 후기를 통해 지원하는 기업의 채용단계에서 영어면접이 진행된다는 걸 알았다면, 일반면접에서 자기소개를 준비하는 것처럼 영어로 번역해서 준비해보는 것이 필요하다. 주의할 사항은 타 면접에 비해 직무와의 연계성을 확보할 수 있어야 한다는 점이다.

국내기업의 일반적인 역량 인성면접의 경우는 사람 그 자체를 보는 경우들이 많지만, 영어로 자신의 인생관을 소개하는 것을 원할 이유는 없다. 대부분 영어 면접에서 제시되는 질문은 'tell me about yourself'처럼 자연스럽게 자신을 소개하라는 질문에서 'Why should we hire you?' 같은 역량위주의 질문으로 바로 넘어가는 경우가 많다. 대부분의 태도와 성격들을 물을 수 있는 일반면접과 조금은 다른 부분일 수 있다.

역량 위주로 물어보는 영어면접이기에 잊지 말아야 할 스킬이 있다.

첫째, 결론부터 말해라.

둘째, 무엇을 말할지 이야기해라.

셋째, 나는 무엇을 가졌는지 이야기해라.

사실 3가지 모두 같은 이야기다. 역량을 보고 싶은 이에게 역량부터 보여주지 못한다면 좋은 어휘능력만 어필하고 오게 될 것이다.

'지금부터 당신이 무엇을 들어야 하는가?'라는 것에서부터 출발해서 '내가 가진 역량(What)을 어떻게(How) 길렀는지', '왜 지원직무에서 필요한 역량인지(Why)'를 연결시켜 줄 수 있어야 한다. 기본 패턴은 꼭 준비하고 면접에 임하도록 하자. 그 다음에 영어면접의 진행 형태에 따라 다르게 고민할 수 있어야 한다.

준비된 영어를 해보아라

짧은 시간 짧은 영어를 듣고 넘어가는 영어면접의 경우는 영어의 수준을 정확하기 확인하기 어렵다는 것을 우리 모두가 잘 알고 있다. 그럼, 수준이 중요하지 않다는 이야기다. 이때는 최대한 자연스럽게 시작하려는 태도가 우선되어야 한다. 잘하느냐보다는 두려워하지 않느냐에 대한 태도를 보여주었을 때 이후 좋은 모습으로 면접을 진행할 수 있다.

간단한 영어면접은 인성, 역량면접의 초중반에 덤으로 하나씩 들어오는 경우가 많다. 첫 이미지를 어떻게 보여주느냐에 따라서 나머지 면접

점수에 영향을 미친다는 것을 잊지 말자.

외국인과 함께 대화해라

외국인을 대상으로 한 영어면접의 경우에는 두 부류의 면접관이 있다. 우리의 어휘수준을 판단하기 위한 외국인과 그냥 면접관으로 들어오는 직원이 외국인인 경우이다.

전자의 경우는 어휘실력을 토익 등의 공인성적으로 판단할 수 없기 때문에 원어민 외부 교육자 등을 초빙하거나 내부 직원을 활용하여 영어 수준을 판단하는 면접이다. 이 경우는 내용도 중요하지만, 얼마나 자연스럽게 고급어휘를 구사할 수 있는가에 따라 당락이 좌우될 수 있다. 물론 직무에서 외국어를 많이 쓰게 되는 경우가 많기 때문에 본 면접은 영어면접보다는 실무면접이라고 표현하고 싶다.

후자의 경우는 외국계 기업인 경우 임원이 대부분 외국인으로 구성되어 있다. 이땐 영어실력보다 콘텐츠가 무조건 중요하다. 임원이 직접 면접을 통해 직원을 뽑고 싶을 때 면접에 참여하게 된다. 외국인 면접이라는 관점이 아닌 임원면접이라고 볼 수 있어야 한다. 어휘실력에 대한 평가보다는 지원동기와 직무관심도를 판단하기 위해 귀담아 내용을 듣게 된다. 기본적인 커뮤니케이션만 가능하다면 차라리 부담없는 면접이 될 수 있을 것이다.

최소한의 영어 면접에 대한 대표 질문에는 준비하고 임할 수 있도록 하자. 그리고 본인이 지원하는 직무에서 영어를 얼마나 필요로 하는지를 고민해야만 한다. 직무에서 영어 한마디 쓰기 힘들다면 영어면접을 망쳤다는 것 하나 때문에 억울할 필요는 없을 것이다.

● **영어면접 준비 질문**

• Can you tell me about your self?

• What are your strengths and weaknesses?

• Why did you apply?

• Do you have any particular skills?

• What do you want to be doing five years from now?

항상 답변의 구조는 결론부터 시작해서 이유와 경험을 설명해야 한다는 점 잊지 말자.

블라인드면접
생존 노하우

블라인드면접, 새롭게 집중받는 면접유형

이 책에서 언급된 지금까지의 내용은 취업준비생이 현 시점에서 직접 활용할 수 있는 정보가 중심이 되었지만, 블라인드면접을 언급하는 이 부분만큼은 미래에 대한 예상이 많이 반영이 되어야 할 것 같다.

이 책을 쓰는 시점에서 블라인드면접이 새롭게 집중받고 있기 때문이다. 대한민국 정부가 직접 추진하고 있는 취업 관련 이슈이고, 공무원과 공기업을 거쳐 민간기업에까지 단계적으로 적용시키겠다는 목적이 있기에 취업준비생이라면 한번쯤은 그 내용을 알아보는 것도 중요할 것이다.

블라인드면접이란?

블라인드면접이란 지원자의 출신학교나 나이 같은 인적 요소 등 개인 특성에 대한 편견을 유발하는 내용을 일체 배제하고 직무능력 위주로 선발하여 면접에 대한 공정성과 신뢰도를 향상시키겠다는 목적이 그 배경에 있다.

나름대로 의미 있는 멋진 말이기는 하지만, 사실 블라인드면접이란 기존에 없었던 전혀 새로운 면접유형은 아니다. 지금도 일부 기업의 면접에서는 지원자의 입사지원서를 보지 않고 진행되는 실제 사례가 있고, 공기업 또한 NCS 기반의 채용과 면접을 시행하고 있기 때문이다.

그렇다면, 지원자의 입장에서는 '새롭게 언급되는 블라인드면접이 앞으로 어떤 부분이 어떻게 더 강화되고 어떻게 바뀔 것인가?'에 대한 의문이 있어야 할 것 같다.

면접관의 관점으로 본 블라인드면접

면접관의 관점에서 생각해보자. 지원자의 그 어떤 정보도 없는 상황에서 평균 30분이라는 짧은 시간 동안 그 지원자의 속성을 알아낸다는 것은 사실 불가능에 가깝다. 다만, 서류합격이라는 안전장치와 인·적성검사가 있는 경우에는 시험 통과라는 안전장치가 있기에 기본적인 신뢰성을 바탕으로 면접이 진행될 수 있는 것이다.

이를 바탕으로 블라인드채용이 전면적으로 도입된 미래의 모습을 예측해본다면, 아마도 철저하게 직무 중심의 항목으로 구성되어 있는 자기소개서(즉, 기업 공통의 자기소개서가 사라지고 자기소개서의 요구사항 또한 각 직무별 특성을 반영하여 모두 다 다른 형태)와 직무 중심의 적성검사(즉, 기존의 수리, 추리, 언어 등등의 형식이 아닌 자신이 지원하는 그 직무에 대한 직무적 상황을 제시하고 이를 해결하는 문제들로 구성된 필기시험의 형태)가 앞으로 자리 잡게 될 것이다.

물론 이와 같은 모습이 가장 이상적인 블라인드채용의 아름다운 모습이겠지만 당장 바쁘고 정신없는 기업의 여건 등을 고려해본다면 이와 같은 변화된 현실이 피부로 느껴지는 것은 대한민국의 모든 자동차가 전기차로 바뀌게 된 이후의 일이 될 것이다.

블라인드면접 평가방식

다시 면접으로 돌아오자. 그 어떤 기업이라도 면접만큼은 지금 즉시라도 블라인드면접으로 전환시켜 활용할 수 있는 부분이 많다. 면접장에서 면접관이 확인할 수 있는 요소가 분명하기 때문이다. 바로 NCS의 기준인 '지식, 기술, 태도'라는 직무평가 3요소가 그것이다. 이 부분은 이 책의 NCS면접 부분을 참조하면 될 것 같다. 굳이 내용의 중복이 있을 필요가 없기 때문이다. 다만, 현재 진행되고 있는 실제 기업의 사례를 바탕으로 지금 당장 블라인드면접을 앞두고 있는 취업준비생에게 다음과 같은 4가지 가이드를 제시하고 싶다.

첫째. 면접관은 1분 이상의 자기소개를 시킬 것이다. 자기소개서를 볼 수 없으니 면접관들도 답답할 것이다. 그래서 응용하는 방법이 자기소개를 길게 시켜보는 것이다. 당연히 지원자는 자신의 경험을 바탕으로 어쩌고 저쩌고 이야기할 것이고, 면접관들은 이때 언급된 경험들을 바탕으로 질문을 구성할 수 있게 된다. 이때 학교와 전공 등을 언급하면 큰일난다. 다행히도, 면접 들어가기 전 오리엔테이션에서 진행자들이 이 부분을 알려줄 것이다. 안내가 없다면 면접장에서 언급하면 안 되는 내용을 질문해서 실수가 없도록 해야 한다.

만일, 자기소개가 없다면 오픈형 질문을 통해 지원자를 파악할 것이다. 예를 들어 '지금까지 살면서 자신의 창의성을 가장 크게 인정받은 경험이 있나요?' 이런 식이다. 이후, 이 경험에 대한 꼬리 질문이 이어질 것이다. 이에 대한 대비책은 다시 이 책의 면접 부분을 잘 읽어보기 바란다.

둘째. 면접관은 지원자가 직무에 도움이 되는 어떤 것들을 배웠는지 물어볼 것이다. 전공이 직무와 무관한 경우에는 이와 같은 질문이 없을지도 모른다. 하지만, 이공계와 같이 전공과 직무가 밀접한 관련성을 가지고 있는 경우에는 어떤 과목을 배웠고, 그 배운 부분이 직무에 어떤 도움이 되고 쓰임

새가 있는지 설명할 수 있어야 한다. 그동안 중간고사와 기말고사를 치르며 열심히 공부한 과목임에도 불구하고 막상 면접장에서는 꿀먹은 벙어리가 될 수 있으니 미리 준비해야 한다.

셋째. 면접관은 그 배운 것들을 직접 써먹어본 경험이 있는지 물어볼 것이다. 지식의 활용과 적용 그리고 응용은 지원자가 자신이 습득한 지식에 대해 자신감을 가지고 있는지를 판단할 수 있는 중요한 척도가 된다. 만일, 이 부분을 직접 물어보지 않더라도 자신의 특정경험이 그동안 배운 것을 활용해 볼 수 있었던 좋은 기회였다고 설명할 수 있다면 면접관들에게 매우 긍정적인 평가를 받을 수 있을 것이다.

넷째. 면접관은 직무에 필요한 능력을 입증할 수 있는 지원자의 경험을 확인할 것이다. 예를 들어, 영업 직무를 기준으로 설명해보자. 영업현장에서 영업담당자에게 가장 필요한 능력 중 하나가 바로 설득력이다. 자사의 제품과 서비스에 대한 우수성과 차별성을 고객과 상대에게 설득시키지 못하면 실질적인 매출을 달성할 수 없기 때문이다.

면접관이 지원자의 설득력을 확인할 수 있는 방법으로는 '면접장에서 답변 자체를 설득력 있게 하는가?'와 '과거에 누군가를 논리적으로 설득한 경험이 있는가?'라는 두 가지 기준을 바탕으로 구체적으로 세부사항을 확인하는 것이다. 이는 지원자의 입장에서 충분하게 준비하고 대비할 수 있는 부분이며, 그 방법 역시 이미 이 책에서 언급한 내용이므로 중복 설명하지 않겠다. 보시다시피, 블라인드면접의 대부분은 직무에 초점이 맞춰져 있다. 그래서 블라인드면접장에서 인성적인 부분만 집중적으로 대화를 나눴는데 결과는 탈락이더라는 시중에 떠도는 이야기가 나름대로 타당성이 있는 것이다. 블라인드면접을 앞두고 있는 지원자라면 위의 4가지 사항 이외에도, 이번 기회에 '자신의 직무에 대한 보다 집중적인 공부'를 해야 할 것이다.

나에게 적합한
면접 복장 찾기

　얼마 전에 '무한도전' 예능프로그램으로 알만한 사람은 다 아는 김태호 PD의 면접복장이 화제였다. 노랗게 염색한 머리, 귀에 피어싱, 세미 캐주얼 차림으로 면접을 봤는데, 면접 때 임원이 후일 "자네 특이해서 뽑았어"라고 했다고 한다. 어쨌든 그 임원의 안목으로 합격을 했으니 오늘날 무한도전이라는 장수 프로그램이 있겠으나 자주 있는 일은 아니니 자신 없으면 모험하지 말자.

　오랫동안 대부분의 면접복장은 정장 차림이었으나, 최근 신입 채용면접에서 일부 자율복장을 시행하고 있는 기업들이 생기면서 정형화 된 옷차림에서 조금은 자유롭게 된 것 같다. 하지만 취업준비생들은 더 고민이라고 한다. '정장 차림은 지원자들 간에 차이가 없어 좋다'는 의견과 '자신의 개성을 드러낼 수 있어 좋다' 등 다양한 생각만큼 선택에 어려움을 느끼는 것 같다. 정장을 입을까? 캐주얼 정장을 입을까? 캐주얼을 입을까? 정답은 없으나 아직까지는 정장을 면접 기본복장으로 생각하는 경우가 많아 편안한 복장으로 와도 된다 하더라도 정장을 입고 올 확률이 높다.

고민만 하지 말고 지원회사에 확인하여 드레스 코드에 대한 사전 정보를 파악하는 것을 권유한다. 옷차림이 왜 중요할까? 그 이유는 첫 대면에 보이는 복장불량이 감점요인으로 93%를 차지할 만큼 당락을 결정하기도 한다는 데 있다. 반면 긍정적인 첫인상을 심어주면 신뢰를 얻게 되어 성공적인 인터뷰로 이어질 가능성이 매우 높고 다른 조건이 같다면 틀림없이 가장 좋은 인상의 지원자를 채용하게 된다. 회사 입장에서는 독특한 사람보다 무난한 사람이 조직의 단합과 팀워크에 도움이 된다고 믿기 때문이다. 그렇다면 지원자들은 어떻게 준비해야 하는지 면접관의 시선으로 알아보자.

면접관의 시각으로 본 알맞은 면접 복장

첫째, 기업이미지에 맞는 인재상 자신이 지원한 회사의 인재상에 부합하고, 하고자 하는 직무에 프로페셔널한 느낌이 나도록 연출한다. 예를 들면 공공기관, 대기업, 금융권 등 보수적인 직종은 신뢰를 보여주는 전통적인 정장차림을 선택하는 것이 좋다, 지원자들 중에는 슬림하고 타이트한 유러피안 스타일을 착용하는 경우가 있다. 면접은 패션 감각을 뽐내는 곳이 아니라 일하는 사람을 채용하는 경연장임을 명심하도록 하자. 디자인, 패션, 광고, IT, 예능계열 등 개방적인 직종은 자신의 개성과 창의성이 드러나는 세미정장 or 캐주얼 차림으로 연출하면 된다.

둘째, 면접관의 평가기준 면접관의 눈높이에서 면접 복장의 기준은 단정한 모습이다. 유행하는 스타일은 자칫 가벼운 사람으로 비춰질 수 있으므로 준비할 때 면접관의 시선과 비슷한 부모님과 동행하여 조언을 받는 것이 도움이 되겠다.

셋째, 자신의 가치가 잘 드러나는 이미지 똑같은 옷을 착용하더라도 '같은 옷 다른 느낌'은 개인마다 얼굴형, 체형, 신체색상이 다르므로 자신에게 어울리는 컬러와 스타일이 무엇인지 파악한 후 자신이 보여주고 싶은 이

마지를 고려한 후 선택하여야 한다. 그러므로 취업준비생들은 면접 복장을 준비하면서 위에서 언급한 3가지를 참고하여, 어떤 옷과 어떤 색상이 지원하는 회사와 지원목적 그리고 자신의 가치를 효과적으로 표현할 수 있는지를 생각하고 준비하자.

위의 내용은 개개인의 체형이나 신체 색상을 배제한 기본적인 면접 복장이다. 따라서 자신의 목적과 지원사의 인재상에 어울리는 면접 복장을 하려면 좀 더 디테일한 분석이 필요하기 때문에 전문가의 도움을 받아보는 것과 취업 관련 프로그램을 적극 활용하는 것을 권한다.

면접에 적합한
내 스타일은 무엇인가?

　면접 스타일이 완성되려면 옷차림, 헤어, 메이크업, 액세서리, 소품, 컬러가 조화를 이루어야 호감을 주는 최상의 면접 스타일이라 할 수 있다. 면접 스타일링을 하기에 앞서 청결함은 기본 중에 기본이며 자기관리에서의 첫 번째임을 명심해야 한다. 면접을 해보면 옷에 얼룩이 있거나, 머리에 기름기 또는 비듬이 보이거나, 화장이 들뜨거나, 몸에서 특유의 냄새가 나거나, 콧등에 피지가 있거나, 귀지와 귀 주변에 비누 잔여물이 각질로 남아 있거나, 구레나룻이나 뒷목에 잔털이 있는 경우를 종종 볼 수 있다. 면접관은 어떻게 생각할까? 경험으로 말하자면, '호감 가는 첫인상은 물 건너갔다!!'

　면접에는 정답이 없고 오답은 존재하기 때문에 평소에는 아무런 문제가 되지 않을 수 있는 부분이 면접에서는 문제로 부각되기도 한다. 취업 준비생들은 객관적인 정답을 알려고 하지만 면접 평가는 오답을 최소화할수록 합격에 가까워진다는 사실을 알고 접근해야 한다.

100% 탈락하는 면접 스타일

탈락하고 싶은 지원자는 단 한 명도 없을 것이다. 그렇다면 면접관은 지원자의 어떤 모습을 싫어하는지부터 파악되어야 한다. 기업인사담당자를 대상으로 한 '용모 or 복장 때문에 탈락시킨 적이 있다'는 다음의 조사결과를 참고해보자.

공동 1위는 '청결하지 않다, 옷차림이 성의가 없다'가 70%, 2위는 '속옷이 보이거나 과한 노출 의상'이 51.6%, 3위는 '튀는 염색과 스타일링 헤어'가 43.2%, 4위는 '비정장 차림, 진한 화장과 과한 액세서리 착용'이 공동 24.2%였다. 놀랍지 않은가? 위의 결과를 보고 놀라지 않으면 당신 앞에 탈락이 가깝다고 생각해도 된다.

저자의 연구소에서 직원 채용 면접에 참가한 지원자들의 실제 모습이다. 평상복, 운동화, 긴 머리나 이마 가림, 유러피안 패셔니스타, 화려한 꽃무늬셔츠, 플랫슈즈, 구두 얼룩, 빨강 립스틱, 액세서리 2개 이상, 찢어진 청바지, 캐주얼 벨트, 속옷이 비치는 블라우스, 발목 or 컬러양말, 생얼, 무늬 스타킹, 네일 아트, 짧고 바디라인 노출 스커트, 검정 넥타이, 행커치프 등은 면접관의 기준으로 모두 탈락시켰다. '에이~ 그럴 리가!'라고 생각하겠지만 이렇게 준비 안 된 지원자들이 의외로 많다는 것을 경험으로 말한다.

합격하는 면접 스타일 : 남자 지원자

자! 이제부터는 옷차림으로 인해 탈락하지 않을 기본 스타일의 구성을 알아보자. 남자 지원자의 면접 스타일 구성은 정장 상하의, 드레스 셔츠, 넥타이, 구두, 양말, 가방, 벨트, 시계가 기본이다.

첫째, 정장 상의는 무늬 없는 네이비 or 블랙 or 차콜 그레이컬러의 투버튼을 택하고 어깨 폭이나 품이 크거나 작지 않게 착용하고 소매와 깃은 셔츠가 1~2cm 가량 보이면 적당하다. 행커치프는 하지 않는다.

둘째, 정장 하의 슬랙스 컬러는 상의와 동일해야 하며 바지 길이는 구두를 신었을 때 주름 한두 개 만들어지는 정도가 적당하다. 주의할 점은 상/하의 주머니에 무게감 있는 물건을 넣지 않는다. 스타일 망가진다.

셋째, 셔츠는 칼라에 버튼이 있는 폴로셔츠, 칼라 사이가 넓은 윈저셔츠, 칼라와 몸통색이 다른 배색셔츠 등이 있지만 레귤러칼라의 드레스 셔츠에 화이트 or 연한 블루계열을 선택하는 것이 가장 무난하다.

넷째, 넥타이는 V존의 중심에 있어 크기는 작지만 첫인상에 지대한 영향을 미치므로 넥타이를 고를 때, 자신의 피부색, 얼굴형과 T.P.O(시기, 장소, 상황)를 고려해 선택해야 한다. 면접에 적절한 넥타이의 주 컬러는 열정과 도전의 레드계열, 신뢰와 냉철함의 블루계열, 활력과 창의성의 옐로우계열, 안정과 협조성의 그린계열을 선택하며, 무채색의 넥타이는 피한다. 무늬는 주로 도트, 스트라이프, 체크, 무늬 없는 솔리드 디자인 중 고르면 되겠다.

다섯째, 구두는 끈이 있는 옥스퍼드 스타일로 검정색이 무난하다. 구두, 벨트, 시계의 소재와 컬러를 통일하고 화려한 장식은 피하도록 한다.

합격하는 면접 스타일 : 여자 지원자

여자 지원자의 기본 구성은 정장 상/하의, 이너웨어, 구두, 스타킹, 시계, 벨트, 가방, 헤어, 메이크업, 액세서리가 기본이다.

첫째, 정장 상의는 무늬 없는 네이비 or 블랙 or 브라운 or 차콜 그레이 컬러로 장식이나 여성스러움을 배제한 심플한 디자인으로 소매길이는 손목 아래 1~2cm 정도면 된다.

둘째, 정장 하의의 컬러는 상의와 동일한 스커트 or 슬랙스를 착용하되 스커트의 길이는 무릎 위 2~3cm 정도에 무난한 살색 or 커피색의 팬티스타킹으로 착용하고 활동적인 업무라면 9부 슬랙스에 판타롱 스타킹으로 마무리하는 것을 추천한다.

셋째, 이너웨어는 블라우스 or 셔츠 or 탑 중에 개인 취향에 따라 택하며 컬러 또한 화이트 or 아이보리 or 연블루계열 중에 택하면 적당하지만 흰색의 이너웨어일 때는 속옷이 비쳐 보일 수 있으니 캐미솔을 갖춰 입도록 한다.

넷째, 구두는 광택과 장식이 없는 심플한 디자인의 검정색으로 5~7cm 높이가 적당하며 굽이 닳았거나 흠집은 미리 수선하고 면접 전 깨끗이 닦아서 신는다.

다섯째, 헤어스타일은 서비스직종에서는 보통 쪽머리가 기본이나, 그 외 직종은 자신의 얼굴형을 고려해서 귀를 중심으로 한 묶음 or 반 묶음과 보브 컷, 단발 스타일 중 선택하고 가능하면 귀와 이마가 보이게 하여 흘러내리지 않도록 핀이나 스타일링제로 고정한다.

여섯째, 메이크업은 피부 톤, 눈과 눈썹, 볼, T존에 이르기까지 기초화장과 색조화장을 한다. 제일 먼저 피부화장은 기초라인을 밀착력과 지속력이 좋은 제품을 사용하여 맑고 깨끗한 피부를 만드는 것이 중요하다. 붉은색이 도는 피부는 그린계열의 메이크업 베이스를 사용하면 도움이 되며 눈 화장은 피치컬러 아이섀도우로 눈두덩을 손으로 엷게 펴 바르고 아이라이너와 마스카라로 속눈썹과 눈매를 또렷하게 표현한다. 이때 뭉치지 않게 소량으로 세심하게 터치한다. 눈썹은 얼굴 인상에 80%를 차지할 만큼 중요하므로 길이, 두께, 형태를 고려해야 하지만 면접에서는 아치형이 무난하다. 길이는 펜슬로 입 꼬리-코끝-눈꼬리-눈썹을 사선으로 연결되는 지점까지가 적당한 길이이다.

볼 화장은 혈색이 창백한 경우 건강을 의심 받을 수 있으니 밝고 건강하다는 것을 소량을 사용하여 과하지 않고 자연스럽게 표현한다. 마지막은 T존 즉, 이마부터 코, 인중. 턱까지 연결된 선을 이르는데 하이라이트 제품을 붓을 이용하여 터치한다. 얼굴 윤곽이 작고 또렷하게 보이는 효과가 있지만, 과하면 구미호 분장이 되니 소량만 사용한다.

면접 당일 비가 온다면 소지하기 편한 접이우산을 준비하자.

면접장에 도착 후에는 옷과 신발에 얼룩도 살펴보고 머리형태가 흐트러졌는지

최종적으로 체크를 한다.

취업이라는 전쟁터에서 이기는 비장의 무기가 필요한 이유

면접은 사실 치열한 싸움이다. 면접관의 질문에 그저 다소곳이 답변만 하고 나오는 것으로는 절대 이길 수 없음을 불합격 통보를 받아본 사람은 너무나 잘 알고 있다. 이런 분위기에서 다른 지원자와 다르게 보일 수 있는 자신만의 비장의 무기를 준비하는 지원자들이 늘고 있다.

취업 재수생 박민철도 일주일 뒤에 있을 면접에 대비해서 마술 한 가지를 익혔다. 비교적 손쉽게 할 수 있는 카드 마술인데 벌써 50번 넘게 연습 중이다. 그는 지난 달 가고 싶은 기업의 면접장에서 너무나 소외받았던 자신의 모습을 경험한 적이 있다. 옆에 있던 다른 지원자들에게 질문이 집중되는 상황에서 이렇게 소극적인 모습으로는 절대로 이길 수 없다는 생각을 하게 됐다.

많은 연습으로 카드가 어느 정도 손에 익었다. 눈 깜짝하는 사이에 일반 카드를 자신의 이름이 써진 카드로 바꾸며 주위의 친구들에게 탄성을 듣게 될 즈음에는 자신감도 생겼다. 그리고 면접 당일 박민철의 연기는 최고였다.

면접이 시작되고 자기소개 타이밍에서 박민철은 혼신의 연기를 펼쳤다. 마술을 통해 자기 이름이 나온 카드를 들고 이렇게 자신은 새로움을 창조할 수 있는 사람임을 강조했다. 연습 때보다 더 자연스레 연기가 나와 '이제 됐다!'라는 스스로의 만족을 느낄 수 있었다. 하지만 의외로 면접관의 반응은 시큰둥했다. "예. 잘 봤습니다. 뭐, 노력 많이 하신 것 같네요. 음, 여기는 공연장이 아닌데……"라는 면접관의 반응에 박민철은 '괜한 짓을 했다'라는 느낌을 강하게 받았다. 그리고 이것이 원인인지는 모르겠지만 이 면접도 결국 탈락했다.

오상현의 사례는 전혀 다른 경우이다. 그는 4학년 1학기에 진행된 하계인턴 선발 면접에서 '모두 다 비슷해서 누구를 뽑아야 할지 모르겠다'는 면접관의 말을 듣고, 뭔가 확실하게 자신을 어필할 수 있는 '도구'의 필요성을 느꼈다. 그리고 그동안의 대학생활과 프로젝트 등을 동영상으로 편집하여, 노트북 화면을 보며 자신을 설명할 수 있는 1분 자기소개를 구성했다. 그리고 원하던 기업의 면접 당일 그 전략은 주효했다.

다섯 명의 지원자가 들어간 면접장의 네 번째 자리에 앉은 그는 1분 자기소개 상황에서 자신 있게 노트북을 가지고 자신을 브리핑했다. 하나하나 신경 써서 편집한 동영상과 자신의 나레이션 그리고 적절한 배경음악까지 모든 것이 당시의 면접장을 장악했고, 면접관 역시 엄지손가락까지 올려가며 오버스럽게 자신을 칭찬했다. 그리고 이 여세를 몰아 보란 듯이 이 면접에서 최종합격했다.

면접관의 입장에서 매번 똑같은, 그리고 비슷한 모습과 답변을 하는 지원자를 만나게 된다. 기업에서 진행되는 면접 자체가 정해진 프로세스에 의하여 진행되는 만큼, 어쩌면 면접관의 비슷한 질문이 이런 단순함의 원인일지도 모른다. 지원자들 역시 이와 같은 단순함을 실감하기에 자기만큼은 뭔가 획기적으로 바꿔보려는 생각을 하고, 실제로 많은 지원자들이 이를 실행하기도 한다. 하지만 아쉽게도 면접관의 성향에 따라 위의 사례에서 두 지원자가 보여준 모습처럼 평가가 극명하게 바뀌기도 한다. 면접장에서 지원자에 대한 평가는 전적으로 면접관에 의하여 이루어지기 때문이다.

　거의 모든 기업이 창의성을 존중하는 분위기에서 자신만의 독특함을 보여주는 지원자를 군이 비난하는 면접관은 없을 것이다. 하지만 순수한 지원자의 관점에서 '이러면 되겠지?'라는 생각을 경계하고 면접장에서 좋은 평가를 받을 수 있는 확률을 높인다면, 아래의 두 가지 조건만큼은 잘 생각해봐야 한다.

먼저, 기업의 분위기를 알아보자!

　홈페이지를 통해 느껴지는 기업의 이미지가 있다. 화면에 등장하는 모든 임직원들이 칼정장이나 규정된 작업복을 입고 있고, 인재상 또한 성실성이나 책임감을 강조하는 기업이다. 면접에 오라는 안내메일도 격식이 느껴지며, 아니나 다를까 정장을 입고 오라고 한다. 그리고 면접 당일, 오리엔테이션도 정해진 시간 정해진 방식에 따라 '엄숙하게' 진행되며, 면접 진행요원들의 태도나 면접장에서 만나는 50대 초중반 면접관들이 풍기는 분위기도 뭔가 근엄하게 보인다면, 이때는 자신이 준비해온 뭔가의 필살기는 가능하면 하지 않는 것이 좋다. 어디까지나 확률이지만 이런 분위기의 기업은 '그 따위로 면접을 때우려고!'라는 인식이 강하기 때문이다. 하지만 그 반대로 홈페이지에서 임직원들이 편하게 보이는 자율복장을 입고 있는 모습을 볼 수 있다면, 그리고 뭐가 그렇게 좋은지 서로 밝게 웃고 있는 이미지를 목격할 수 있다면, 그리고 그 기업이 창의와 개성을 강조하는 인재상까지 강조한다면 일단 도전해볼 만하다. 더구나 면접 현장에서 오리엔테이션도 자연스런 분위기와 격식 없는 질의응답 그리고 면접장에서 만나는 젊은 면접관들의 밝은 이미지까지 마음을 편하게 한다면, 심호흡을 크게 하고 준비한 것을 꺼내서 보여줄 분위기는 제대로 만들어진 것이다. 물론, 확률적으로 말이다.

주머니에서 꺼낼 수 있는 것을 가져가자!

사실 면접은 형평성 즉, 공정성이 중요하기에 지원자들의 차별성을 이룰 수 있는 요소는 배제되어야 하는 것이 맞다. 앞의 사례 중 오상현이 노트북을 가지고 면접장에 들어갔던 것은 사실 운이 좋은 경우이다. 일반적인 면접 진행요원의 경우에는 지원자들의 형평성을 해칠 수 있는 물건이나 자료 등은 별도의 요구사항이 없는 한 압수하는 것이 원칙이기 때문이다. 면접이 끝나고 다른 지원자들이 '이럴 거였으면 왜 미리 저런 거 준비해오라고 하지 않았나? 불공평하다'라는 극심한 불평을 할 수 있기 때문이다. 하지만 그 어떤 면접장에서라도 공항에서 하는 '몸수색'까지 하지는 않는다. 즉, 보여지면 뺏길 수 있기 때문에 어딘가에 넣어서 가라는 것이다. 결국 정장의 안주머니나 자율복장의 뒷주머니에서 꺼낼 수 있는 것밖에는 없다. 접힌 것을 펼칠 수 있는 형태의 자료나 모아진 것들을 길게 늘릴 수 있는 형태의 사진이나 정보, 그리고 특별한 사연을 가진 물건 등이 적합할 것이다. 이제 뭔가 아이디어가 떠올려지는가?

이제 정말 중요한 이야기를 해야겠다. 단순하게 '면접관들아 이거 봐~라'라는 식의 어필은 면접관에게 그 어떤 감흥도 줄 수 없다. 자신이 준비한 그 아이템에 적합한 자기 어필의 노력, 그리고 적절하고 자연스런 연출이 핵심이기 때문이다. 면접관의 입장에서 눈앞의 지원자가 남들과 다르다는 것을 어필하는 것은 분명 좋은 전략이다. 하지만 그것이 단순한 쇼(Show)나 이벤트가 되지 않도록 더 많이 애써야 할 것이다.

면접관이 파악하는
지원자 경험의 진실성

인성면접과 실무면접(역량면접)은 어떻게 구분하는가?

대기업, 중견기업과 공공기관들은 1차 면접으로 실무면접이라 불리는 역량면접을 실시하고 2차 면접으로 인성면접을 실시한다. 규모가 작은 중소기업은 한 번으로 끝나는 면접에서 인성면접과 역량면접을 함께 치루기도 한다. 통상 실무면접 즉, 역량면접은 실무를 담당하는 부서장들이 담당하고, 인성면접은 회장님이나 사장님, 대표이사, 중역들로 구성된 임원진에서 담당하고 있다. 물론 기업마다 다르지만 평가결과의 가중치 역시 인성평가 성적의 비중이 훨씬 크게 반영된다.

지원자가 채용전형서류로 제출하는 이력서에는 각종 스펙(전공과 학점, 자격증, 외국어 성적, 인턴 및 아르바이트 경험, 공모전 및 프로젝트 참여 경력)이 담겨 있다. 자기소개서에는 지원자의 과거의 행적을 묻는 성장배경과 학교생활, 현 시점에서의 성격의 장단점과 지원동기, 미래적 관점에서는 입사 후 포부를 묻고 있다. 물론 최근에는 이를 탈피하여 대기업을 중심으로 지원자의 과거의 경험(역량)을 묻는 항목을 구성하여 지원한 직무의 준비 정도나 창의성, 도전정신, 문제해결능력, 분석력, 팀워크, 커뮤니케이션능력 등을 묻는 문항을 제시하고 있다.

이러한 지원서(이력서와 자기소개서)를 기반으로 면접관은 지원자의 성장배경, 지원동기, 입사 후 포부 등을 통해서 파악된 가치관(국가관, 인생관, 직업관) 및 인성이 회사의 인재상과 부합하고 기업문화에 조기에 잘 적응할 수 있는지를 판단하는 인성면접을 치른다. 또한 성격의 장단점, 아르바이트나 봉사활동, 인턴 및 공모전, 전공 및 실무기초지식 등 과거의 경험과 축적된 지식 정도 등을 통해서 앞으로 담당하게 될 직무에 적합한 인재인지를 판단하는 실무면접(역량면접)을 실시한다.

인성과 역량이란 무엇인가?

『나부터 작은 것부터 지금부터』의 저자 임성국은 책에서 인성에 대해 이렇게 말하고 있다.

"인성의 핵심은 공감, 소통, 긍정, 자율, 정직, 책임이다. 따라서 인성이란 자신의 내면을 바르고 건전하게 가꾸고 타인, 공동체, 자연과 더불어 살아가는 데 필요한 인간다운 성품을 말한다."

이에 반하여 역량이란 무엇인가? 역량은 일이나 역할을 수행할 때, 높은 성과를 내는 사람(High Performer)에게 일관되게 보이는 행동특성을 말한다. 즉, 조직에서 일을 잘하는 사람들에게서 공통으로 보이는 행동이 곧 역량인 것이다.

면접관들은 내 경험에 대한 질문을 통해 무엇을 알고자 하는가?

따라서 역량면접(Competency Based Interview)은 면접자의 과거의 경험으로 미래의 행동을 예측하는 면접기법이다. 이는 곧 지원자가 직무를 수행하는데 필요한 능력과 자질, 개인적 특성과 지식과 기술, 태도와 행동 등을 갖추고 있는지를 평가하기 위함이다. 즉, 면접자가 직무를 수행하는데 적합한 인재인지를 알아보기 위해서 입사 후에 직면하게 될 상황과 관련된 과거의 경험이 있는지를 다음과 같이 계속되는 꼬리 질문을 통해서 확인하고자 하는 면접이다.

- 어떤 상황이었습니까?
- 어떻게 해결했습니까?
- 해결하는데 어떤 어려움이 있었습니까? 그리고 그 어려움을 어떻게 해결했습니까?
- 팀 프로젝트를 수행했다면 지원자는 어떤 역할을 했습니까?
- 성과는 기대했던 만큼 이루었습니까?
- 기대했던 성과에 비해 미진했다면 그 원인은 무엇이라고 생각하십니까?
- 문제를 해결한 후 어떤 교훈을 얻었습니까?
- 그러한 경험이 입사 후 직무를 수행하는데 어떤 도움이 될 수 있습니까?

조직에서 업무를 수행하는데 필요한 역량은?

조직에서 직무를 수행하는데 필요한 역량은 크게 조직구성원이면 누구나 개발해서 보유해야 할 공통역량과 각 해당 직무 수행에 필요한 역량으로 구분할 수 있다.

공통역량은 회사와 비즈니스에 대한 이해, 면접자의 가치관과 직업관, 조직에 몰입하는 능력과 적응력, 직장인으로서 갖추어야 할 자질, 직무지식과 수용능력 등으로 나눠 볼 수 있으며, 직무를 수행하는 데 필요한 역량은 다음과 같이 구분해 볼 수 있다.

구분	내용
대인관계역량	팀워크, 프레젠테이션 스킬, 협상 설득력, 리더십, 의사소통능력, 대인관계능력
사업수행역량	상황대처능력, 글로벌마인드, 어학능력, 고객지향마인드, 전략적 사고능력

성과관리역량	목표성취지향, 의사결정능력, IT활용능력, 문제해결능력, 정보수집활용능력, 계획하고 조직화 하는 능력
자기기반역량	분석력, 창의력, 도전정신, 자기개발, 성실성

　　면접관은 위와 같은 직무에 필요한 역량을 갖추고 있는지를 면접자가 과거에 행동한 사례를 통해서 찾아보고자 한다. 왜냐하면 입사 후에 담당하게 될 직무와 유사하거나 동일한 면접자의 과거의 행동이 앞으로의 성과를 파악하는 데 필요한 정보가 되기 때문이다.

면접장에서 나에게 질문이 없는 경우는 무엇을 의미하는가?

면접 초반 5분이 면접의 당락을 좌우한다?

제이미 홈스(Jaime Holmes)가 저술한 『넌센스』에는 크루글란스키가 진행한 면접실험 사례가 나온다. 실험 대상자가 면접관이 되어 지원자를 면접하게 되는데, 지원자 중 일부에 대해서는 면접 초반에 좋은 인상을 주고, 후반부에 단점들이 드러나게 면접을 본다. 반면에 나머지는 반대로 면접 초반에 좋지 않은 인상을 주고, 후반부로 갈수록 점점 장점들이 드러나게 한다.

실험 결과, 지원자를 검토할 시간이 충분할 경우에는 어느 쪽이든 상관없이 평균 5점 정도를 받은 것으로 드러났다. 하지만 재미있는 부분은 만약 지원자를 검토할 시간이 촉박할 경우, 초반에 좋은 인상을 준 사람은 7점, 후반에 좋은 인상을 준 사람은 3점을 주었다는 사실이다. 시간이 부족해서 심리적으로 쫓기다 보면 사람은 어떻게든 불확실성을 줄이려 한다. 그러다 보니 첫인상을 보고 자신이 내린 결정을 최대한 고수하고, 거기에 반하는 정보들은 본의 아니게 필터링 되는 것이다.

위와 비슷한 경험을 모든 면접관들이 갖고 있다고 본다. 특히 국내 기업의 대다수 CEO나 중역들은 면접자의 첫인상을 보고 직관에 의해 판단하고 있다. 물론 면접자에게 발견되는 좋은 점이 영향을 끼쳐 계속 능력 있는 사람으로 보이는 후광효과를 조심하라고 면접관 교육을 시키지만, 제한된 시간에 많은 인원을 면접하는 현실이다 보니 불가피하게 나타날 수밖에 없는 실상이다. 또한 조직에서 수십 년을 일해 온 경영진들은 나름대로 사람을 평가하는 자신만의 기준이 있다. 이런 이유로 평균 횟수보다 질문을 많이 받는 면접자도 있을 수 있고, 면접시간이 끝날 때까지 질문의 빈곤에 시달려 초조하고 낙담하는 면접자도 있다.

나에게 질문이 없는 경우는 무엇을 의미하는가?

인성면접은 조별로 진행되는 경우가 많다. 한 조에 4~5명이 입장해서 약 30~40분 면접이 진행된다. 입장해서 면접관에게 인사한 후, 착석하자마자 자기소개가 진행되면 약 10분 정도가 경과하게 된다. 그러면 20~30분 정도가 남게 된다. 이 잔여시간 동안 개인당 평균 5~6개의 질문을 받게 되고, 많은 사람은 8~9개의 질문을 받고, 적은 사람은 2~3개의 질문에 그치게 된다. 이럴 경우, 질문 횟수가 평균 횟수보다 많은 사람이든 적은 사람이든 두 가지 해석이 가능하다고 본다.

첫째, 평균 횟수보다 많은 질문을 받은 면접자의 경우 이 경우엔 면접 질문에 대한 답변내용이 모호하고 확신이 서지 않아 끝까지 확인하고 싶은 욕구에서 면접관이 계속 질문을 던질 수도 있다. 반대로 면접자의 답변내용이 예상한 것 이상으로 참신하고 충실하다 보니 대견해서 계속 질문을 던지는 경우가 있다고 가정해 볼 수 있다.

둘째, 평균 횟수보다 질문 횟수가 적은 경우 이 경우엔 면접 자세와 태도가 올바르고 거기에다 자기소개까지 본인의 장단점을 직무의 필요역량과 관련지어 자신감 있게 말한 경우, 면접관은 직무적합성면에서 뛰어나고 잘 준비된 인재라고 확신하여 면접질문시간을 다른 면접자에게 할애할 수 있다. 이와는 반대로 표정이 굳어 있고 의자에 앉는 자세도 엉거주춤하고 자기소개 역시 준비가 되어 있지 않아서 어물거리면 면접관의 입장에서는 질문시간을 다른 지원자에게 할애할 것이다.

이와 같이 질문 횟수를 평균 이상으로 많이 받거나 적게 받은 경우, 모두 양면성이 있어서 단정적으로 말할 수는 없다. 다만 면접을 경험한 면접자가 곰곰이 생각해보면 본인이 어디에 해당하는지 알 수 있다고 본다.

면접이 끝나기 전, 면접관이 궁금한 것이 있으면 질문하라고 한다. 무슨 질문을 해야 하는가?

면접관에게 던지는 질문, 약일까? 독일까?

면접이란 이성 간에 행해지는 맞선이나 미팅과 같다고 본다. 따라서 면접자와 면접관이 동등한 입장에서 '내가 몸담을 수 있는 회사인지?' '우리 회사의 구성원으로서 자격과 능력을 구비하고 있는지?'를 서로 탐색하고 가늠해보는 소중한 시간이다. 물론 취업하기가 하늘의 별 따기 만큼이나 취업시장의 문이 좁은 현실을 감안한다면 구직자로서는 생각하기 어려운 현실이지만…….

실무면접이나 인성면접이 마무리되어 갈 즈음, 면접관은 "마지막으로 궁금하거나 알고 싶은 것이 있으면 질문하세요"라고 말한다. 면접관의 입장에서 면접자가 단순히 묻는 질문에 또박또박 대답만 하고 평범한 질문만 남긴다면 면접이 끝난 후, 면접자의 이름은 물론이고 얼굴조차 기억나지 않는다. 하지만 준비가 되어 있는 면접자라면 예리하고 품위 있는 질문을 함으로써, 자신을 다른 면접자와 차별화시키고 반드시 회사에 입사하고 싶다는 적극적인 의지를 표현한다면 면접관에게 긍정적 인상을 줄 수 있는 절호의 기회가 될 것이다.

지원자의 마지막 질문이 호감이 가는가?

이와 관련해서 취업포털 〈잡코리아〉가 2016년 인사담당자 1,190명을 대상으로 설문조사를 실시한 결과, 인사담당자 중 85.8%가 '면접이 마무리되는 시점에서 지원자에게 회사에 묻고 싶은 말이 있는지 확인한다'고 답했다.

인사담당자들이 지원자에게 회사에 대한 질문을 받는 가장 큰 이유는 '지원자가 회사에 대해 얼마나 관심이 있는지를 확인하기 위해서(37.4%)'인 것으로 나타났다. 또한 '회사 역시 지원자로부터 면접을 보는 것이니까(27.1%)', '지원자가 궁금해할 회사 정보를 알려주기 위해(23.7%)' 등이 큰 비중을 차지했다. 그리고 인사담당자에게 '회사에 대해서 알고 싶은 것을 질문을 한 지원자는 평가점수에 유리한 영향을 미치는가?'를 묻는 질문에 응답자의 68.6%가 '묻고 싶은 질문을 하는 경우가 더 호감이 간다'고 답했다.

반면에 지원자들이 묻지 말았으면 하는 질문 1위는 '저 어땠어요?'라고 면접결과를 즉석에서 묻는 질문(19.2%)이 차지했다. 이어서 '저는 야근은 싫은데 야근을 많이 하는 편인가요?'와 같은 일에 대한 의욕이 낮아 보이는 질문(18.1%), 회사의 사업내용이나 전략과는 전혀 다른 엉뚱한 질문(16.5%)이 삼가야 할 질문 2, 3위를 각각 차지했다.

어떤 질문이 면접관에게 강렬한 인상을 남길 수 있을까?

제가 지원한 직무는 우리 회사의 목표(미션) 달성에 어떤 기여를 하게 됩니까?

이 질문은 일에 대해서 매우 의욕적이고 목표 지향적인 사람으로 평가받을 수 있다. 회사는 '일을 통해서 부가가치를 창출함으로써, 이윤을 추구하는 조직'이다. 즉, 본인의 직무범위 내에서 미션에 맞게 권한과 책임

을 다함으로써 조직의 목표달성에 기여한다. 따라서 면접관의 입장에서
목표달성의지가 강한 사람으로 평가받을 수 있다.

**우리 회사의 인재 양성 프로그램과 부문별 핵심인재를 양성하는 프로그램이 있
으면 말씀해 주십시오. (대기업의 경우)**

이 질문은 자기계발에 관심을 갖고 자기관리를 꾸준히 하는 사람 그리
고 해당 분야의 핵심역량을 가진 핵심인재로 성장하여 회사 발전에 기여
할 가능성이 있는 사람으로 평가받을 수 있다.

**입사한 후 1년이 매우 중요한 시기라고 생각합니다. 인생의 선배 그리고 직장의
대선배님의 입장에서 우리 회사의 문화에 잘 적응하고 일을 잘하는 신입사원으로
자리매김하려면 어떤 자세와 태도로 임해야 하는지 말씀해 주십시오.**

이 질문은 신입사원으로서 새로운 조직에 적응하기 위해서 중요한 1년
간을 계획적이고 체계적으로 노력함으로써 조기에 전력화 되어 조직에
기여하고 싶은 사람, 조직에 충성심이 강한 사람으로 평가받을 수 있다.

**오늘 면접관님께서 짧은 시간이나마 면접을 하시면서 저를 지켜보셨는데, 우리
회사 신입사원의 인재상과 비교해서 제가 부족하거나 보완해야 할 점이 있으시면
이 기회에 말씀해 주십시오.**

이 질문은 매우 흥미롭고 여러 가지 의미를 가지면서도 목적이 분명
한 질문이다. 이 질문에 면접관이 답변을 해준다면 면접에서 본인이 어
떤 평가를 받았는지를 짐작할 수 있고, 나의 부족한 점에 대해서 피드백
을 받을 수 있기 때문이다. 이 질문을 통해서 자신의 발전을 위해 항상
노력하고 공부하는 긍정적이고 적극적인 사람이라는 인상을 심어 줄 수
있다.

1개월 전쯤, 경제신문에 우리 회사가 중국시장을 개척하기 위해서 상해에 신규 지점을 개설할 예정이라는 기사를 읽은 적이 있습니다. 해외마케팅 부문에 지원한 저로서는 우리 회사의 경쟁력 있는 우수한 제품과 신기술을 무기로 중국시장을 개척하는 일이 매우 매력적으로 다가왔습니다. 신입사원으로서 상해지점에 근무하기 위해서는 어떤 자격과 능력을 갖추면 되는지 알고 싶습니다.

이 질문은 회사에 입사해서 뚜렷한 목표와 계획을 갖고 노력하는 인재, 향후 중국의 지역 전문가로 성장 가능성이 있는 인재로 평가받을 수 있다. 아마도 이와 같은 인재는 CEO나 해외마케팅 임원, 인사담당임원들께서 눈여겨보는 것은 물론, 머지않아 해외전문가 양성 프로그램 입과를 권유받게 될 것이다.

 면접 대기실에서의 지원자의 모습도 면접 평가 기준에 반영 되나요?

 물론 기업의 채용전형기준에 따라 다르겠지만, 일반적으로는 면접 대기장은 면접 평가의 기준에서 제외되는 경우가 많습니다. 즉, 면접의 평가는 온전하게 면접관이 있는 면접장에서만 이루어지는 경우가 대부분입니다. 따라서, 면접 대기실에서 보여지는 모습까지 너무 스트레스 받으며 안절부절할 필요는 없습니다.

하지만, 예외적으로 면접 대기실의 지원자의 모습에서 평가가 이루어지는 기업들도 있습니다. 이 경우에는 크게 1)면접시간 지각 여부, 2)단정하지 않는 복장, 3)산만한 태도 이와 같은 3가지 평가 기준으로 면접 진행요원들이 지원자를 평가하게 됩니다. 이와 같은 것들에 있어서 문제가 되지 않으려면 지각하지 않고, 여유 있게 도착하여 화장실에 먼저 가서 자신의 복장과 외모를 점검한 후, 면접 대기실에 와서 알려준 유의사항을 잘 지키면 되는 겁니다. 면접 대기실에서는 해야 할 행동보다는 하지 말아야 할 행동에 더 많은 비중이 있다는 사실을 잘 기억하시기 바랍니다.

 원하던 기업에 서류에 합격하고 면접을 가게 됐습니다. 면접 안내 메일을 보니 30분 동안 인성면접을 진행한다고 하는데, 인성이라는 것이 30분 만에 파악되는 건가요 ?

 사실 면접관의 관점에서 지원자의 모든 부분이 인성적 평가 기준이 됩니다. 지원자가 면접관의 시선을 피하면 소극적 인성의 소유자로 평가되고, 말이 빠르면 급한 인성의 소유자로 평가받을 수 있습니다.

이렇게 눈으로 평가되는 부분을 제외하고 내용으로 평가가 이루어진다면 지원자의 과거경험을 통해 판단하는 방법이 가장 일반적입니다. 지원자의 과거경험은 지원자가 평소 가지고 있는 판단의 원칙과 행동의 기준을 알 수 있는 가장 중요한 척도가 되기 때문입니다. 따라서, 면접장에서 면접관이 자신의 경험을 중심으로 질문을 이어나간다면, 그건 아마도 인성 부분을 집중해서 판단하고 있는 상황일 것입니다. 이럴 때는 자신의 과거상황을 떠올리며 무턱대고 답변하기보다는 앞의 본문 내용에 나와 있는 인성 평가 3대 기준에 맞춰 답변하는 것이 인성 평가에 더 좋은 영향을 미치게 됩니다.

Q 저는 이번 면접 때 인형을 가져가서 그 인형과 대화를 하며 자기소개를 해보려 합니다. 괜찮은 방법인가요?

A '어떻게 하면 면접장에서 자신의 독창성을 보일 수 있을까' 하는 지원자의 고민이 느껴집니다. 물론, 내용 구성의 시나리오 풀버전을 검토해야겠지만, 형식 자체는 나쁜 방법은 아닐 것 같습니다.
하지만 정말 중요한 것은 얼마나 자신이 자연스럽게 그 상황을 표현할 수 있을까 하는 것입니다. 만일 지원자가 이전에도 같은 형식의 공연이나 연출을 통해 이와 같은 방식이 이미 익숙해져 있는 상황이라면 큰 문제가 없다고 봅니다만, '이번 기회에 한번 해보는' 식의 도전이라면 무지막지한 연습이 필요할 것입니다.
그리고 눈에 띄는 인형은 면접장 입구에서 압수될 수 있습니다. 손 전체를 사용하는 인형보다는 손가락에 끼울 수 있는 형태의 인형이 확률상 더 안전할 것입니다. 여성 지원자의 경우 정장에 안주머니가 없으므로 인형을 넣을 수 있는 공간을 별도로 만드는 것도 필요할 것입니다. 면접현장에서 '내가 이걸 해야 하나 말아야 하나?'라는 최종적인 판단은 앞서 본문 내용에서 알려드린 기업의 분위기를 판단기준으로 활용하시기 바랍니다. 혹시 모를 사태에 대비하여 이벤트 버전이 아닌 진지한 버전의 자기소개도 꼭 준비해 가시기 바랍니다. '유비'는 '무환'인 까닭입니다.

가뜩이나 긴장하는 사람 불러놓고 압박면접은 왜 하는 것인가요?

압박은 면접관이 지원자에게 관심을 표현하는 것입니다. 만일, 지원자에게 관심이 없다면 그 어떤 질문조차 없었을 것입니다. 따라서, 자신이 압박의 대상이 됐다는 것을 긍정적인 시각으로 바라볼 필요가 있습니다. 즉, 겁먹지 말라는 것입니다. 중요한 것은, 면접관은 왜 하필이면 압박의 방식으로 면접을 진행하는지에 대한 원인 파악이 우선입니다.

면접관의 관점에서 지원자의 모습은 다양하게 해석될 수 있습니다. 지원자가 너무나 외운 것 같은 모습으로 비인간적인 로봇 같은 모습을 보일 때, 아니면 자기소개서에 묘사된 모습과 완전하게 다른 모습을 보일 때(예를 들어, 자기소개서에는 자신을 적극적인 사람이라고 했는데, 면접장에서는 너무나 소극적인 모습을 보일 때, 또는 그 반대의 경우) 면접관은 일반적으로 압박의 카드를 꺼냅니다. 지원자를 흔들어서 '진짜' 모습을 보고 싶다는 의도를 갖게 되는 것입니다. 따라서 자신이 위와 같은 압박의 대상이 되고 있다는 생각이 들 때는 자신의 면접 태도를 돌이켜 보고 그 이후의 면접을 보다 더 능동적으로 진행하겠다는 각오를 가져야 합니다.

실제 면접장에 가서 보니, 옆자리에 대학원생도 있고, 심지어는 경력자도 있었습니다. 저는 결국 들러리였던가요? 이런 상황에서 자신을 어필할 수 있는 방법이 있기는 한 건가요?

면접관들이 모여서 이야기를 나누면 공통되게 말하는 부분이 있습니다. '대학원생은 의외로 직무에 대해서 잘 모르며, 중고신입이나 경력신입들은 의외로 우리 기업에 대해 잘 모르더라'라는 이야기가 그것입니다.

신입으로 지원하는 여러분들이 적극적이고 전략적으로 자신을 어필해야 하는 부분이 바로 이 포인트가 아닐까 생각합니다. 신입직원의 채용 포인트는 의외로 단순합니다. 신입이기 때문에 화려한 경력을 요구할 수도 없고, 신입이기 때문에 기업이 처한 위기나 미래의 전략을 요구할 수도 없기 때문입니다. 따라서 지원자가 자신이 앞으로 해야 할 직무를 얼마나 잘 이해하고 있는지와 앞으로 우리 기업에 소속된 구성원으로 일해야 하기에 얼마나 우리 기업을 잘 알고 있는가 하는 두 가지 요소가 면접관의 주된 평가의 핵심이 될 수밖에 없습니다.

Q 토론은 상대방의 의견을 경청하는 것도 매우 중요한 평가기준임을 알고 있습니다. 그렇다면 토론면접 시 상대방의 의견을 경청하고 있음을 면접관에게 인식시켜 줄 수 있는 방식은 무엇이 있나요?

A 소위 '1, 2, 3 화법'이라는 것이 있습니다. 1은 한 번 얘기하고, 2는 두 번 듣고, 3은 세 번 리액션을 하라는 것입니다. 상대방의 의견을 경청하는 것 중에 가장 효과적인 방식인 리액션은 3가지의 형태가 있습니다. 첫째, 상대방이 얘기할 때 고개를 끄덕여 상대방의 의견에 공감하는 것입니다. 다만, 찬반 토론 시 과한 공감은 부적절하므로 어느 정도만 고개를 끄덕이면 됩니다. 둘째, 상대방이 얘기할 때 메모지에 기록하는 것으로 상대방이 주장하는 바를 적절하게 기록하고 이를 토대로 내 주장을 펼치는 것입니다. 셋째, 상대방이 얘기한 내용을 아주 간략하게 요약하여 본인이 얘기하기 전에 살짝 얘기해주는 방식입니다. 상대방이 얘기하고 있는데 무심결에 볼펜을 돌린다든지, 손으로 턱을 괴는 것은 절대 금물입니다. 간혹 토론에 집중하다 보면 오히려 평소 습관이

나오는 경우가 있기 때문입니다. 토론은 함께 승리하기 위한 전술입니다.

Q PT면접은 주제에 대한 분석이 중요하다고 합니다. 뭘 어떻게 분석해야 하나요?

A PT면접에서 발표 초반에 지원자가 반드시 언급해야 할 부분이 있습니다. 자신이 받은 복수의 문제 중에서(보통 PT면접의 주제는 단일 주제를 주는 경우보다는, 3개 정도의 복수 주제를 주고 이 중에서 하나를 선택하는 방식으로 진행되는 경우가 일반적입니다) '자신은 왜 하필이면 이 문제를 선택했는가?'에 대한 이유입니다. 이 부분을 대다수의 지원자들은 보통 생략하거나, 자신이 만만해 보이는 부분을 선택했기에 따로 언급하지 않는 경우가 대부분입니다.

하지만 만일 지원자가 자신이 선택한 문제의 이유를 기업의 상황과 연결하고 자신의 직무에서 꼭 필요한 부분이기에 이 문제를 선택했으며, 따라서 이 주제의 핵심을 'A의 해결' 또는 'B에 대한 확보'라는 부분에 중점/핵심을 두고 이를 해결하는 과정 또는 아이디어를 적용하는 과정을 보인다면 면접관에게 긍정적인 평가를 받게 됩니다.

따라서 지원자의 PT면접 주제분석은 '이유'와 '핵심'이라는 두 가지 키워드를 중심으로 이루어져야 합니다. 나아가 짧은 시간에서의 발표 역시 이 두 가지 핵심에 집중하여 발표가 이루어져야 할 것입니다. 우리는 '발표'를 잘해야 하는 것이 아닙니다. 'PT면접'을 잘 봐야 하는 것이 핵심임을 잘 기억하시기 바랍니다.

Q PT면접에서 주어진 주제 자체를 아예 모르는 경우에는 어떻게 대처해야 하나요?

A 통상 PT면접에서는 2~3가지의 주제를 주고, 한 가지를 선택하여 발표하는 방법이 많이 쓰이고 있습니다. 전공 또는 직무와 관련된 내용과 기업의 사업내용에 대한 전략 수립, 자신의 직무적합도에 관련한 주제가 많이 나오며 시사적인 주제도 한 가지는 포함되어 있습니다. 그럼에도 불구하고 주어진 주제 자체를 모른다면 난감해지겠죠. 하지만 방법은 있습니다. 그것은 주어진 주제에 대해 발표할 내용을 본인이 주관적으로 해석해서 범위를 정하는 것입니다. 주어진 주제에 대해 모두 말하는 것이 아니라 본인이 말하고 싶은 내용을 중심으로 내용을 구성하고 발표를 하면 됩니다. 예를 들면, '현재 기업의 발전 전략을 수립하라'는 주제를 부여받았을 때 사업에 대한 부분을 전혀 모르겠다면 직원들의 자세에 대한 부분으로 접근하여 전략을 수립하는 방법을 채택하는 것입니다. PT면접은 주어진 주제에 대한 분석과 자신의 생각을 논리적으로 전개하는 능력을 검증하는 평가입니다. 주제에 대한 범위와 순서는 지원자가 정하여 발표 가능합니다. 하지만 이런 경우는 드물겠죠. 때문에 사전에 가능성 있는 주제에 대하여 준비하는 노력이 필요합니다. 어떤 구조로 발표할 것인지 체계적으로 틀을 만들고 주제와 내용을 정리하는 방법을 사용해보기를 권합니다. PT면접은 완벽보다는 자신의 분석적 사고로 접근해야 한다는 것을 기억하시기 바랍니다.

Q 합숙면접 술자리에는 주제가 따로 있는지요?

A 술자리에서의 주제를 따로 정해 놓지는 않는 것이 일반적입니다. 지원자와 평가자가 자연스럽게 마음 속에 있는 애기를 나눌 수 있

도록 하지만 지원자들 입장에서 이러한 술자리면접을 곤혹스럽다고 토로하는 경우도 많기는 합니다.

세일즈면접을 하라고 하는데요, 고객의 역할을 맡은 대리님이 사람을 대놓고 무시하는 연출을 합니다. 말 걸기조차 무서운 상황인데요. 어떻게 접근해야 할까요?

요즘은 세일즈면접장에 투입되는 직원들을 연기 학원에 보내 연습까지 시키는 기업들이 많습니다. 이는 앞으로 지원자가 만나게 될 영업 현장의 느낌을 그대로 살려보고자 하는 기업의 의지라고 보여집니다. 중요한 것은 그 고객의 역할을 맡은 대리님은 진짜 고객이 아니라는 사실입니다. 즉, 마치 진짜 그런 것처럼 '연기'를 하고 있다는 것입니다.

이렇게 결국 모든 것이 연기라면 지원자 역시 그 상황에 완전하게 몰두하는 태도가 필요합니다. 사람을 무시하는 고객의 경우에도 시선을 돌리면 그 시선을 돌리는 방향으로 몸을 움직여 한마디만 들어보라고 유도하던지, 딱 한마디만 하고 가겠다고 유인하던지 하는 적극적인 대응이 필요한 것입니다. 신기하게도, 세일즈면접에 있어서 고객의 역할을 하는 상대는 지원자의 질문에 답변을 해줍니다. 질문에 대한 답변 자체도 거부하게 되면 아무것도 아닌 상황이 되어 버리기 때문입니다. 따라서 지원자는 보다 적극적인 태도로 그 상황을 주도할 필요가 있습니다. 그렇기에 더욱 더 상대방인 고객에게 다가가는 노력과 기초 정보를 확보하기 위한 질문과 취합된 내용을 통한 분석이 필요합니다. 나아가 이와 같은 과정을 통해 수집된 정보를 바탕으로 고객을 적극적으로 설득하고 권유하는 태도를 보여야 할 것입니다.

Q 술자리면접 때문에 걱정입니다. 저는 체질상 진짜 술 한모금도 입에 못 대거든요. 아는 선배는 숙취해소제를 미리 먹고 가면 된다고 하는데, 도대체 얼마나 마셔야 하는 건가요? 진짜, 술 못 마시면 떨어지나요?

A 술자리면접은 술고래를 뽑는 음주 경연대회가 아닙니다. 면접장이라는 딱딱한 격식을 가진 공간을 벗어나, 지원자들의 진솔한 이야기를 듣고 그 모습을 보겠다는 기업의 의도가 담겨 있기 때문입니다. 술이 한 잔씩 들어가면 원래 이성이 마비되는 법입니다. 술 먹기 전에 '저는 음료수로 대체하겠습니다'라고 정중하게 밝히고, 그 분위기에 자연스레 녹아드는 태도가 중요합니다. 술을 못 마신다면 '따르는 것'을 전담으로 하여 빈 술잔이 보이지 않도록 부지런히 노력하는 것도 좋은 전략이 될 것입니다.

적극적으로 대화하고, 더 많이 웃으려 노력하고 고개를 끄덕이며 크게 공감하는 모습이 술자리면접의 핵심임을 잘 기억하시기 바랍니다. 담배 만드는 회사의 직원 중에도 담배를 못 피우는 사람이 있기 마련이고, 술 만드는 회사의 직원 중에서도 술을 못 마시는 사람이 반드시 존재하는 법입니다.

Q 삼성 말고 다른 기업의 창의면접은 어떤 질문이 나오나요?

A '서울 시내의 중국집에서 하루 동안 팔린 자장면의 개수는?'과 같은 페르미 추정을 통한 답변을 요구하는 질문과 '취업준비생들은 왜 검정색 정장을 선호하는가?' 등 현상에 대한 해석을 요구하는 질문, '북극에서 아이스크림을 팔기 위한 방법은 무엇인가?' 등의 해결방법에 관련된 질문 등이 나옵니다.

다른 기업의 창의면접에서도 중요한 것은 추상적이거나 회피하는 듯한 답변이 아닌 구체적이고 실현가능성 있는 답변이어야 한다는 것입니다.

 프랑스계 회사에 지원을 합니다. 그런데 2차 면접에서 갑자기 임원분이 들어오신다고 하는데 프랑스어로 기본적인 대화 수준까지 준비해야 할까요?

 당연히 준비할 필요가 없습니다. 외국계 기업의 경우에는 별도 법인보다는 지사로 운영되는 경우가 많습니다. 지사의 경우 현지 인력들로 실무를 진행하고 본사 인력으로 관리를 하는 경우가 일반적입니다. 국내의 기업들도 타국에서 사업을 진행할 때에는 한국인이 관리자(지사임원)인 경우가 많습니다. 그렇기 때문에 프랑스회사에 임원면접이라면 프랑스인이 들어올 가능성이 무척 높지만, 나의 프랑스어 실력이 영향을 미치지 않을 것이란걸 명심하기 바랍니다. 물론 열정적인 모습을 어필하기 위해 간단한 인사 정도야 준비해간다면 성의를 반갑게 봐주지 않을까요?

면접은 항상 스킬로 접근할 것이 아니라, 의도로 접근할 수 있어야 합니다. 왜 면접을 보는지, 왜 영어면접을 활용하고 있는지, 외국인과의 면접에서의 의도는 무엇인지를 고민하면서 준비하다 보면 면접을 준비하는 자세가 조금은 달라질 수 있을 것입니다.

<부록> 취업준비생 Check-List

여러분은 지금까지 진로와 취업을 고민해 보는 시간, 기업입장에서 보는 바람직한 지원자의 모습, 취업을 위한 지원자의 취업 준비도, 지원기업의 이해 정도, 합격 입사지원서를 만들기 위한 방법, 면접에서 O표를 받기 위한 요령 등을 배워 보았습니다.

그럼 지금부터는 취업을 준비하는 지원자 입장에서 취업을 위해서 진정으로 어느 정도 준비가 되었는지 체크를 해보고, 이에 대한 결과인 '나의 취업 준비도 평가'를 해보도록 합시다!

◼ 나의 취업준비 Check

6개 항목으로 구분 된 질문항목을 보고 본인이 해당되는 항목에 ∨ 표시를 하고, ∨ 표시된 개수의 소계 및 총계를 계산해보기 바랍니다.

※ 다음의 체크 항목 중 특히 '면접에서 O표 받기' 항목은 취업 면접에 최소 1회 이상 참여해본 경험이 있는 취업준비생이어야만 답변이 용이한 부분이므로, 취업을 처음 준비하는 학생의 경우는 면접 장면을 가상해서 '실전대비를 이렇게 해야 하는구나'라는 관점으로 check해보기 바랍니다.

구분	항목	체크
취업을 위한 나의 진로설정	1. 직업 선택과정에서 미래 유망 가능성을 충분히 보고 선택했다	☐
	2. 내가 선택한 직업은 현실적 문제를 해결할 만큼 가치가 있다	☐
	3. 나의 선택 직업은 좋아하고, 잘할 수 있고, 재능이 있는 분야이다	☐
	4. 직업 선택에 대한 최종 결정은 내 스스로가 한 것이다	☐
	5. 평생직장과 평생직업 중에서 나는 평생직업을 선택하였다	☐
소계		
기업입장에서 보는 '나'	1. 평소에 부정적이기보다 긍정적인 사고와 행동을 많이 한다	☐
	2. 일 처리의 중심에는 '나'보다 '우리'라는 마음이 더 강한 편이다	☐
	3. 나는 다양한 업무를 동시에 처리할 수 있는 멀티태스킹 역량이 있다	☐
	4. 지원하고자 하는 기업을 명확히 정한 지원기업 List가 있다	☐
	5. 지원기업에서 호감을 가질 만큼 기업에 대한 충분한 이해가 되어 있다	☐
	6. 지원기업이 속한 업종/산업에 대한 남다른 지식과 정보가 있다	☐
	7. 지원회사의 지원직무가 무슨 일을 하는 것인지 잘 알고 있다	☐
	8. 채용설명회나 박람회를 1번 이상 참여해봤다	☐
	9. 공채만이 아닌 다양한 경로의 채용에도 잘 대비하고 있다	☐
	10. 나의 취업 준비 수준에 맞는 기업을 대상으로 취업 준비를 하고 있다	☐
소계		
취업을 위한 사전 준비정도	1. 자기분석을 통해 나의 강점과 취약점을 잘 알고 있다	☐
	2. 취업을 위한 나만의 취업전략 필살기가 있다	☐
	3. 지원기업 채용정보를 통해 입사에 필요한 채용 준비가 다 되어 있다	☐
	4.. 최근의 시사동향, 업종, 기업을 이해하기 위한 꾸준한 노력을 한다	☐
	5. 인적성 검사에 합격하기 위해 인·적성 도서를 2~3권 마스터 했다	☐
소계		
지원기업 이해정도	1. 지원기업의 업종/산업 트렌드를 잘 알고 있다	☐
	2. 지원기업에 속하는 업종/산업에서 사용하는 용어가 잘 정리되어 있다	☐
	3. 최근 트렌드를 알기 위해 산업박람회/전시회를 1회 이상 참여해 봤다	☐

	4. 지원기업이 어느 기업군에 속해 있는지 알고 있다 (대/중/소/벤쳐기업)	☐
	5. 지원기업을 분석할 수 있는 나만의 요령과 방법이 있다	☐
	6. 나는 지원기업에서 하고자 하는 직무가 명확히 정해져 있다	☐
	7. 지원기업의 현직담당자를 만나보거나 현장 확인을 해 보았다	☐
	8. 기업정보 분석/활용에 필요한 나만의 방법과 요령이 있다	☐
	9. 지원기업분석으로 입사지원서/면접에 대응할 준비가 되어 있다	☐
	10. 지원직무 역할 수행에 필요한 역량을 명확히 잘 알고 있다	☐
	소계	
합격 입사지원서 만들기	1. 나의 이력서는 내용만 봐도 지원직무를 명확히 알 수 있다	☐
	2. 나의 이력서에는 요구하는 모든 항목을 빈칸 없이 다 채웠다	☐
	3. 진정 입사하고자 하는 기업의 자기소개서를 미리 준비해 놓았다	☐
	4. 나의 전공과 지원회사의 직무와는 상당한 연관성이 있다	☐
	5. 나의 자기소개서는 기업의 인재상 보다 직무적합성이 잘 드러나 있다	☐
	6. 자기소개서 질문의 의도를 잘 파악하고 그에 맞도록 잘 작성할 수 있다	☐
	6. 전공과목을 통해 지원직무에 부합되는 역량 요소를 잘 드러낼 수 있다	☐
	7. 자기소개서는 두괄식으로 하고자 하는 내용의 요점을 잘 표현하였다	☐
	8. 소제목은 본문 내용을 읽고 싶은 마음이 들도록 잘 표현되었다	☐
	9. 직무역량을 잘 드러낼 수 있는 나만의 차별화 포인트가 있다	☐
	10. 지원자 입장이 아닌 입사지원서를 읽는 입장을 잘 반영했다	
	소계	
면접에서 'O'표 받기	[공통사항]	
	1. 면접 일시와 장소 등을 미리 확인해 두었다	☐
	2. 면접 당일 출발 교통편, 소요시간, 출발시간 등을 미리 확인하였다	☐
	3. 지원기업에 걸 맞는 복장을 갖추었다	☐
	4. 면접대기실에서 내가 하지 말아야 할 행동과 자세를 잘 알고 있다	☐
	[PT면접]	
	1. 발표 시작 전에 예의를 갖추고 인사를 잘하였다	☐

2. 나의 발표 위치는 잘 선정되었다 ☐

3. 긴장하지 않을 만큼의 목소리, 몸 동작, 시선처리 등이 잘 되었다 ☐

4. 발표 전에 발표하고자 하는 주제와 주제 선정 이유를 밝혔다 ☐

5. 본 발표 전에 발표 순서를 잘 요약해서 말했다 ☐

6. 발표하고자 하는 내용에 대한 결론부터 말하였다 ☐

7. 결론을 도출하기까지의 과정을 첫째, 둘째와 같이 구분하여 설명하였다 ☐

8. 발표 내용은 정확한 관련 근거를 인용하였다 ☐

9. 발표주제 내용에 경제성, 시급성, 예상효과, 전제조건 등을 고려하였다 ☐

10. 발표의 끝맺음을 잘 하였다 ☐

11. 발표를 마친 후에 예의를 갖추고 마무리 인사를 잘 하였다 ☐

12. 주어진 발표시간을 잘 지켰다 ☐

13. 면접관 질문에 결론을 먼저 얘기하고, 그 이유를 명확히 잘 설명했다 ☐

[토론면접]

1. 토론에 영향을 끼칠 수 있는 발언을 했다 ☐

2. 논점사항에 대한 적절한 의견제시가 있었다 ☐

3. 다른 사람보다 먼저 논리적으로 반론을 제기하였다 ☐

4. 특정 시간대가 아니고 시종일관 참여하는 모습을 보였다 ☐

5. 적절한 시간에서 다음 단계의 토론을 진행하였다 ☐

6. 토론이 단절되지 않도록 노력하였다 ☐

7. 다른 참여자로부터 좋은 의견을 이끌어냈다 ☐

8. 감정대립이나 공격 없이 잘 설득하였다 ☐

9. 집단의 목표를 우선시 하였다 ☐

10. 소수의 의견도 존중하였다 ☐

11. 적절한 논점을 제시하였다 ☐

12. 핵심사항에 핵심의견을 제시하였다 ☐

13. 새로운 해결방법을 제시하였다 ☐

14. 토론 말미에 난잡한 토론을 정리하고 의견을 한데 모으려고 하였다 ☐

[인성면접]	
1. 긴장하지 않을 만큼의 목소리, 몸 동작, 시선처리 등이 잘 되었다	☐
2. 입사지원서를 통해 예상 질문과 답변을 준비하였다	☐
3. '1분 자기소개(1분 스피치)'를 준비하였다	☐
4. '마지막 한마디'를 준비하였다	☐
5. 지원기업에 대한 나만의 명확한 '지원동기'를 준비하였다	☐
6. 지원기업에 대한 나만의 명확한 '입사 후 포부'를 준비하였다	☐
7. 직무역량을 잘 표현할 수 있는 나만의 '성과나 결과물'을 말할 수 있다	☐
8. 지원기업에 대한 경영현황과 사업현황을 잘 알고 있다	☐
9. 지원기업에서 수행해야 할 직무에 대한 역할을 잘 알고 있다	☐
소계	
총계	/80

② 나의 준비도 평가 결과 보기

1) 결과 계산법

∨의 총 갯수 × 1.25 = (결과 점수)

2) 결과 해석

점수 결과	나의 취업준비도
85점 이상 ~ 100점	지원기업에 대한 합격을 보장해 드립니다
75점 이상 ~ 85점 미만	취약한 부분을 조금만 보완하시면 합격할 수 있습니다
60점 이상 ~75점 미만	애매합니다. 전반적으로 다시 한 번 Review 해 보세요
60점 미만	취업을 위해서는 좀 더 분발하셔야 하겠습니다

열린진로취업커뮤니티

취업과 관련된 강의와 컨설팅을 집중적으로 진행하는 현직 취업컨설턴트들의 모임입니다. 매월 정기 모임을 갖고 다양한 취업 트렌드와 지원자들의 사례를 연구하며 서로의 시너지를 발전시키는 이름 그대로 열린 모임 입니다. 이 책은 그 동안의 연구 성과를 정리한 첫 번째 결과물 입니다. 앞으로 더 많은 정보를 취준생과 나누기 위해 '열린' 마음으로 더욱 더 많은 전문가가 참여할 수 있는 '열린' 모임이 되겠습니다.

● 김치성
현 제닉스취업솔루션 대표, (사)한국취업컨설턴트협회 전문위원으로 활동.
기업면접관 교육지도의 노하우가 담긴 '면접전략' 특강 등 면접 분야 전문 강사. 기업에서의 채용 컨설팅 경력을 바탕으로 연평균 2만 명 이상의 학생을 대상으로 강의와 취업 컨설팅 진행. '상담받고 싶은 컨설턴트 1위'로 평가받음. 저서로 『면접해부학』 『취업의 조건』(공저)가 있다.

● 문창준
현 (사)한국취업컨설턴트협회 대표 컨설턴트로 활동.
27년간 삼성그룹 관계사와 일본계 회사에 재직하며 신입사원을 선발 육성함. 산업공학 및 인재개발교육의 이론적 지식을 바탕으로 현장의 다양한 소재를 접목하는 강의로 이공계 전공 학생들의 취업 필독 강연자로 평가받음. 저서로 『취업의 조건』(공저)가 있다.

● 이태환
현 에이프로잡솔루션 대표, (사)한국취업컨설턴트협회 이사 등 활동.
취업준비생의 올바른 취업 전략 수립과 회사 채용 면접 설계로 우수 인재를 선발토록 하는 등 다양한 실무 경력으로 다져진 취업·채용 분야 전문가. 두려움을 강점으로 바꾸는 특색 있는 취업 프로그램 운영으로 취업준비생에게 '자신감 멘토'로 평가받음. 저서로 『취업의 조건』(공저)가 있다.

● 권성일
현 한국경영인증원 HR전문위원, NCS 개발/검토위원, 공공기관 면접관으로 활동.
디스플레이 회사에서 17년간 인사(채용)업무 수행. NCS(국가직무능력표준) 인사, 노무, 직무분석분야 개발/검토. 취업준비생에게 이해하기 쉽게 '직무분석', '직무역량 강화' 방안을 특강하고 있으며. 저서로 8인의 인사담당자가 털어놓은 『난 이런 사람을 뽑았다』(공저) 가 있다.

● 강경원
현 휴먼네트웍스 이사, HPC컨설팅 수석위원, 한국인사관리협회 겸임강사로 활동.
경영과 공학의 융합인 산업공학을 졸업하고 23년간 IT서비스, 식품제조, 헬스케어 산업의 다양한 업무수행자를 채용하고 인사관리를 하면서 경험한 생생한 지식을 바탕으로 기업체 인사컨설팅과 기업교육을, 대학교에서는 기업에서 바라보는 탁월한 인재, 일을 바라보는 자세를 중심으로 대학생들의 취업준비를 코칭하고 있다.

● 강원준

현 HR Consulting 대표로 활동.

12년간 대학교 및 기업체 대상으로 8000회 이상 특강 및 컨설팅 진행으로 '취업역량강화' 및 '현장 실무에 강한' 강사로 평가받음. 자소서, 기업분석 및 취업동아리 운영 등 다양한 취업프로그램 운영경험 뿐 아니라 대학 내 교육담당자와 교수 대상 '취업 프로그램 운영 매뉴얼' 발행.

● 김창

현 ㈜KLCD 대표, 한양대·중앙대 커리어디자인 겸임교수로 활동.

10개 직장과 3번의 창업을 경험했고, 2만 시간 이상의 강의와 상담을 하고 있음. 가치체계의 시각화를 통해 진로를 찾아갈 수 있도록 강의와 컨설팅, 상담을 제공. 저서로 『네 직업 네가 책임져라』(공저), 『체험형 진로탐색 프로그램 워크체인』(공저), 『커리어디자인』 등이 있다.

● 김택중

현 시앤피컨설팅그룹 수석컨설턴트로 활동.

25년간 삼성그룹 관계사와 KTF에서 인사부문(인력개발, 인사관리, 노사관리)과 CS, 영업부문에서 근무함. 대학교에서 취업지도교수로 다년간 재직하면서 대학생들의 취업성공을 위한 코칭 담당. 취업현장의 오랜 경험을 녹여 학생들의 올바른 자기분석과 동기부여를 통해 자신감을 회복하여 취업성공에 이르는 도우미로서의 역할을 하고 있다.

● 박명성

현 본필연구소 대표로 활동.

10여 년간 퍼스널 이미지컨설턴트로 활동하면서 취업준비생들의 취업면접 이미지 강의와 컨설팅을 하고 있다. 또한, 여러 대학교에 취업진로 및 인성관련 교육사업을 운영하며 국내 최고의 파트너 강사 300여 명과 진행하는 교육 프로그램은 학교관계자들과 대학생들에게 참여하고 싶은 프로그램으로 평가 받고 있다.

● 조성욱

현 화인크루파트너스 이사. 청년취업컨설팅, 헤드헌팅, 대한테니스협회 인사위원 등 활동.

14년간 롯데그룹 계열사에 재직하며 인사팀장으로서 역량면접제도 체계 구축 및 면접관으로서 기업의 니즈에 부합되는 신입사원 선발 육성함. 다년간의 인사실무 경험을 통해 기업이 원하는 인재상에 적합하도록 취업준비생이 가진 컨텐츠를 발굴해내는 취업·채용 분야 전문가로 평가받음.